Bella Italia 2023

Köstliche Rezepte aus der Sonne Italiens: Einfach, Lecker und Authentisch

Sofia Bianchi

INHALTSVERZEICHNIS

salziges Gebäck 9

Lauchkuchen 12

Sandwiches mit Mozzarella, Basilikum und gerösteten Paprika 14

Sandwiches mit Spinat und Robiola 16

Riviera-Sandwich 18

Dreieckige Thunfisch- und geröstete Pfeffersandwiches 21

Dreieckige Schinken-Feigen-Sandwiches 23

Amaretto Bratäpfel 25

Livias Apfelkuchen 28

Aprikosen in Zitronensirup 31

Beeren mit Zitrone und Zucker 33

Erdbeeren mit Balsamico-Essig 35

Himbeeren mit Mascarpone und Balsamico-Essig 37

Kirschen im Barolo 39

heiß geröstete Kastanien 41

Feigenkonserven 43

In Schokolade getauchte Feigen 45

Feigen in Weinsirup 47

Doras gebackene Feigen 49

Honigtau in Minzsirup	51
Orangen in Orangensirup	52
Gratinierte Orangen mit Zabaglione	54
Weiße Pfirsiche in Asti Spumante	56
Pfirsiche in Rotwein	57
Amaretti gefüllte Pfirsiche	58
Birnen in Orangensauce	60
Birnen mit Marsala und Sahne	62
Birnen mit warmer Schokoladensauce	64
Rum gewürzte Birnen	66
Gewürzbirnen mit Pecorino	68
Pochierte Birnen mit Gorgonzola	71
Birnen- oder Apfelpuddingkuchen	73
warmes Fruchtkompott	76
Venezianische karamellisierte Frucht	78
Obst mit Honig und Grappa	80
Winterfruchtsalat	82
Gegrilltes Sommerobst	84
warmer Ricotta mit Honig	86
Ricotta-Kaffee	87
Mascarpone und Pfirsiche	89
Schokoladenschaum mit Himbeeren	91

Tiramisu 93

Erdbeer Tiramisu 96

italienische Kleinigkeit 99

sabayon 102

Schokoladen-Zabaillone 104

Kalte Zabaglione mit roten Beeren 106

Zitronengelee 108

Orangen-Rum-Gelee 110

Gebratener Rosenkohl 112

Rosenkohl mit Pancetta 114

Goldener Kohl mit Knoblauch 116

Geschredderter Kohl mit Kapern und Oliven 118

Kohl mit geräuchertem Speck 120

frittierte Kardonen 121

Kardonen mit Parmigiano-Reggiano 124

Creme Disteln 125

Karotten und Rüben mit Marsala 127

Gebratene Karotten mit Knoblauch und Oliven 129

Karotten in Sahne 130

süß-saure Karotten 132

Marinierte Auberginen mit Knoblauch und Minze 134

Gegrillte Auberginen mit frischer Tomatensauce 136

Auberginen-Mozzarella-Sandwiches 138

Aubergine mit Knoblauch und Kräutern 140

Auberginensticks nach neapolitanischer Art mit Tomaten 142

Mit Prosciutto und Käse gefüllte Auberginen 145

Auberginen gefüllt mit Sardellen, Kapern und Oliven 148

Aubergine mit Essig und Kräutern 151

Gebratene Auberginenkoteletts 153

Auberginen mit pikanter Tomatensauce 156

Auberginen Parmigiana 158

gerösteter Fenchel 160

Fenchel mit Parmesankäse 162

Fenchel mit Sardellensauce 164

Grüne Bohnen mit Petersilie und Knoblauch 166

Grüne Bohnen mit Haselnüssen 168

Grüne Bohnen mit grüner Soße 170

Salat mit grünen Bohnen 171

Grüne Bohnen in Tomaten-Basilikum-Sauce 173

Grüne Bohnen mit Speck und Zwiebel 175

Grüne Bohnen mit Tomatensauce und Speck 177

Grüne Bohnen mit Parmigiano 179

Wachsbohnen mit Oliven 181

Spinat mit Zitrone 183

Spinat oder anderes Gemüse mit Butter und Knoblauch 185

Spinat mit Rosinen und Pinienkernen 187

Spinat mit Sardellen nach Piemonter Art 189

Escarole mit Knoblauch 191

Löwenzahn mit Kartoffeln 193

Pilze mit Knoblauch und Petersilie 195

Pilze nach Genua-Art 197

gebratene Pilze 199

Creme Pilze 201

Gebackene cremige gefüllte Pilze 203

Pilze mit Tomaten und Kräutern 205

Champignons in Marsala 207

gegrillte Pilze 209

frittierte Pilze 211

Pilzgratin 213

Austernpilze mit Wurst 215

Eingelegte Paprikaschoten 218

Paprika mit Mandeln 220

salziges Gebäck

Pasta Frolla Salata

Macht eine 9- bis 10-Zoll-Tortenkruste

Mit Käse, Eiern und Gemüse lässt sich ein leckerer Quiche-ähnlicher Kuchen zubereiten. Dieses Gebäck ist bei Zimmertemperatur oder heiß gut und kann als einziges Piatto (Ein-Gericht-Mahlzeit) oder als Vorspeise serviert werden. Dieser Teig eignet sich für alle Arten von herzhaften Kuchen.

Ich breite diesen Teig zwischen zwei Plastikfolien aus. Verhindert, dass der Teig an Brett und Nudelholz kleben bleibt, sodass kein weiteres Mehl hinzugefügt werden muss, das den Teig zäh machen kann. Um sicherzustellen, dass die Kruste unten knusprig ist, backe ich die Schale teilweise, bevor ich die Füllung hinzufüge.

1 1/2 Tassen Allzweckmehl

1 Teelöffel Salz

1/2 Tasse (1 Stange) ungesalzene Butter bei Raumtemperatur

1 Eigelb

3 bis 4 Esslöffel Eiswasser

1. Teig zubereiten: Mehl und Salz in einer großen Schüssel mischen. Schneiden Sie die Butter mit einem Standmixer oder einer Gabel hinein, bis die Mischung groben Krümeln ähnelt.

2. Eigelb mit 2 EL Wasser schaumig schlagen. Die Mischung über das Mehl streuen. Leicht mischen, bis der Teig gleichmäßig befeuchtet ist und zusammenkommt, ohne klebrig zu sein. Gegebenenfalls das restliche Wasser hinzufügen.

3. Mit dem Teig eine Scheibe formen. In Plastik einwickeln. 30 Minuten oder über Nacht kalt stellen.

4. Wenn der Teig über Nacht gekühlt wurde, lassen Sie ihn vor dem Ausrollen 20 bis 30 Minuten bei Raumtemperatur ruhen. Legen Sie den Teig zwischen zwei Lagen Plastikfolie und rollen Sie ihn zu einem 12-Zoll-Kreis aus, drehen Sie den Teig und ordnen Sie die Plastikfolie bei jeder Umdrehung neu an. Entfernen Sie die obere Folie der Plastikfolie. Verwenden Sie das verbleibende Blatt, um den Teig anzuheben, und zentrieren Sie den Teig mit der Kunststoffseite nach oben in einer 9- bis 10-Zoll-Kuchenform mit abnehmbarem Boden. Entfernen Sie die Plastikfolie. Drücken Sie den Teig vorsichtig in den Boden und an den Seiten.

5. Rollen Sie das Nudelholz über die Oberseite der Pfanne und schneiden Sie den überstehenden Teig ab. Drücken Sie den Teig gegen den Rand der Pfanne, um einen Rand zu erzeugen, der höher ist als der Rand der Pfanne. Die Teigschale für 30 Minuten in den Kühlschrank stellen.

6. Stellen Sie den Ofenrost in das untere Drittel des Ofens. Ofen vorheizen auf 450 ° F. Mit einer Gabel den Boden der Tortenschale in 1-Zoll-Intervallen einstechen. 5 Minuten backen, dann den Teig erneut einstechen. Backen Sie bis fertig, 10 weitere Minuten. Die Schale aus dem Ofen nehmen. 10 Minuten auf einem Gitter auskühlen lassen.

Lauchkuchen

Crostata von Porri

Ergibt 6 bis 8 Portionen

Ich habe diese Torte in einer Enoteca oder Weinbar in Bologna gegessen. Der nussige Geschmack von Parmigiano und Sahne verstärkt den süßen Geschmack des Lauchs. Anstelle von Lauch kann es auch mit sautierten Champignons oder Paprika zubereitet werden.

1 Rezeptsalziges Gebäck

Ausgestopft

4 mittelgroße Lauchstangen, etwa 1 1/4 Pfund

3 Esslöffel ungesalzene Butter

Salz

2 große Eier

$3/4$ Tasse Sahne

1/3 Tasse frisch geriebener Parmigiano-Reggiano

Frisch geriebener Muskatnuss

frisch gemahlener schwarzer Pfeffer

1. Bereiten Sie die Kruste vor und backen Sie sie teilweise. Reduzieren Sie die Ofentemperatur auf 375 ° F.

2. Füllung zubereiten: Die Wurzeln und die meisten grünen Spitzen des Lauchs abschneiden. Schneiden Sie sie der Länge nach in zwei Hälften und spülen Sie sie zwischen jeder Schicht sehr gut unter fließendem kaltem Wasser ab. Den Lauch quer in dünne Scheiben schneiden.

3. In einer großen Pfanne die Butter bei mittlerer Hitze schmelzen. Den Lauch und eine Prise Salz hinzugeben. Unter häufigem Rühren kochen, bis der Lauch weich ist, wenn man ihn mit einem Messer durchsticht, etwa 20 Minuten. Die Pfanne vom Herd nehmen und abkühlen lassen.

4. In einer mittelgroßen Schüssel Eier, Sahne, Käse und eine Prise Muskatnuss verquirlen. Lauch und Pfeffer nach Geschmack hinzugeben.

5. Gießen Sie die Mischung in die teilweise gebackene Tortenschale. 35 bis 40 Minuten backen oder bis die Füllung fest ist. Warm oder bei Zimmertemperatur servieren.

Sandwiches mit Mozzarella, Basilikum und gerösteten Paprika

Panini mit Mozzarella

Ergibt 2 Portionen

Ich mache dieses Sandwich manchmal, indem ich Basilikum durch Rucola und rote Paprika durch Schinken ersetze.

4 Unzen frischer Mozzarella-Käse, in 8 Scheiben geschnitten

4 Scheiben Bauernbrot

4 frische Basilikumblätter

¼ Tasse geröstete rote oder gelbe Paprika, in dünne Streifen geschnitten

1. Schneiden Sie die Mozzarella-Scheiben so zu, dass sie auf das Brot passen. Wenn der Mozzarella saftig ist, trocknen Sie ihn. Die Hälfte des Käses in einer Schicht auf zwei Brotscheiben legen.

2. Basilikumblätter und Paprika auf dem Käse anrichten und mit dem restlichen Mozzarella belegen. Das restliche Brot darauf legen und mit den Händen fest andrücken.

3. Eine Sandwichpresse oder Grillpfanne vorheizen. Legen Sie die Sandwiches in die Presse und backen Sie sie etwa 4 bis 5 Minuten lang, bis sie geröstet sind. Wenn Sie eine Bratpfanne verwenden, stellen Sie ein schweres Gewicht, z. B. eine Bratpfanne, darauf. Wenden Sie die Sandwiches, wenn sie auf einer Seite gebräunt sind, beschweren Sie sie und toasten Sie sie auf der anderen Seite. Heiß servieren.

Sandwiches mit Spinat und Robiola

Panino di Spinaci und Robiola

Ergibt 2 Portionen

Die Focaccia verleiht dem gepressten Panini einen schönen Geschmack und eine schöne Textur. Spinat kann durch anderes Gemüse ersetzt werden oder Gemüsereste verwendet werden. Für den Käse verwende ich gerne Robiola, einen cremigen Weichkäse aus Kuh-, Ziegen- oder Schafsmilch oder einer Kombination aus dem Piemont und der Lombardei. Andere Möglichkeiten sind frischer Ziegenkäse oder sogar Schlagsahnekäse. Fügen Sie der Füllung ein oder zwei Tropfen Trüffelöl hinzu, um einen erdigen Geschmack und einen Hauch von Luxus zu erhalten.

1 Paket (10 Unzen) frischer Spinat

4 Unzen frischer Robiola- oder Ziegenkäseersatz

Trüffelöl (optional)

2 Quadrate oder Stücke frische Focaccia

1. Den Spinat bei mittlerer Hitze mit 1/4 Tasse Wasser in einen großen Topf geben. Abdecken und 2 bis 3 Minuten kochen oder bis sie weich und weich sind. Abgießen und abkühlen. Wickeln

Sie den Spinat in ein fusselfreies Tuch und drücken Sie so viel Wasser wie möglich aus.

2. Den Spinat fein hacken und in eine mittelgroße Schüssel geben. Fügen Sie den Käse hinzu und raspeln Sie den Spinat mit dem Käse. Falls gewünscht, fügen Sie ein oder zwei Tropfen Trüffelöl hinzu.

3. Mit einem langen Messer mit Wellenschliff die Focaccia vorsichtig horizontal halbieren. Die Mischung auf der Innenseite der unteren Hälften der Focaccia verteilen. Legen Sie die Oberseiten der Sandwiches darauf und drücken Sie sie vorsichtig flach.

4. Eine Sandwichpresse oder Grillpfanne vorheizen. Wenn Sie eine Presse verwenden, legen Sie die Sandwiches in die Presse und backen Sie sie, bis sie geröstet sind, etwa 4 bis 5 Minuten. Wenn Sie eine Grillpfanne verwenden, legen Sie die Sandwiches in die Pfanne und legen Sie dann ein schweres Gewicht, z. B. eine Bratpfanne, darauf.

5. Wenn sie auf einer Seite goldbraun sind, die Sandwiches wenden, mit dem Gewicht belegen und die andere Seite toasten. Heiß servieren.

Riviera-Sandwich

Panino della Riviera

Ergibt 4 Portionen

Die geografische Grenze zwischen Italien und Frankreich bedeutet auch keine Unterscheidung in der auf beiden Seiten konsumierten Nahrung. Aufgrund ihres ähnlichen Klimas und ihrer Geographie teilen die Menschen, die an der italienischen und französischen Küste leben, sehr ähnliche Essgewohnheiten. Ein Beispiel ist das französische Pan Bagnat und das italienische Pane Bagnato, was "eingetauchtes Brot" bedeutet und in Italien manchmal als Riviera-Sandwich bezeichnet wird. Dieses saftige Sandwich wird mit einem lebhaften Vinaigrette-Dressing beträufelt und ist mit Thunfisch und gerösteten Paprikaschoten gefüllt. Auf der italienischen Seite der Grenze wird Mozzarella durch Thunfisch ersetzt und Sardellen werden hinzugefügt, aber der Rest ist ziemlich gleich. Dies ist das perfekte Sandwich für ein Picknick, denn die Aromen passen gut zusammen und es wird nur so besser, wie es ist.

1 Laib italienisches Brot, etwa 12 Zoll lang

Bandage

1 Knoblauchzehe, sehr fein gehackt

1/4 Tasse Olivenöl

2 Esslöffel Essig

1/2 Teelöffel getrockneter Oregano, zerbröselt

Salz und frisch gemahlener schwarzer Pfeffer

2 reife Tomaten, in Scheiben geschnitten

1 (2 Unzen) Dose Sardellen

8 Unzen geschnittener Mozzarella

2 geröstete Paprikaschoten, geschält und mit ihrem Saft entkernt

12 in Öl eingelegte Oliven, entkernt und gehackt

1. Den Brotlaib längs halbieren und das weiche Brot von innen entfernen.

2. In einer kleinen Schüssel die Zutaten für das Dressing mischen und die Hälfte des Dressings über die geschnittenen Seiten des Brotes gießen. Die untere Hälfte des Brotes mit Tomaten, Sardellen, Mozzarella, gerösteten Paprikaschoten und Oliven belegen und jede Schicht mit etwas Dressing beträufeln.

3. Legen Sie die Oberseite des Sandwichs darauf und drücken Sie es zusammen. In Folie wickeln und mit einem Brett oder einer

schweren Pfanne abdecken. Bei Raumtemperatur bis zu 2 Stunden stehen lassen oder über Nacht im Kühlschrank aufbewahren.

4.In 3 Zoll breite Sandwiches schneiden. Bei Zimmertemperatur servieren.

Dreieckige Thunfisch- und geröstete Pfeffersandwiches

Tramezzini mit Tonno und Peperoni

Ergibt 3 Sandwiches

Einige der gleichen Aromen wie das herzhafte Riviera-Sandwich finden ihren Weg in dieses zierliche dreieckige Sandwich, das ich in einem römischen Lieblingscafé probiert habe. Der Thunfisch wurde mit Fenchelsamen gewürzt, aber ich ersetze ihn gerne durch Fenchelpollen, der nur gemahlener Fenchelsamen ist, aber mehr Geschmack hat. Es wird heutzutage von vielen Köchen verwendet und ist in auf getrocknete Kräuter spezialisierten Feinkostgeschäften sowie auf Internetseiten zu finden. Wenn Sie keine Fenchelpollen finden, ersetzen Sie Fenchelsamen, die Sie entweder selbst in einer Gewürzmühle mahlen oder mit einem Messer hacken können.

1 kleine geröstete rote Paprika, abgetropft und in dünne Streifen geschnitten

Natives Olivenöl extra

Salz

1 Dose (3 1/2 Unzen) italienischer Thunfisch, verpackt in Olivenöl

2 Esslöffel Mayonnaise

1 bis 2 Teelöffel frischer Zitronensaft

1 Esslöffel gehackte Frühlingszwiebel

1 Teelöffel Fenchelpollen

4 Scheiben Weißbrot von guter Qualität

1. Die geröstete Paprika mit etwas Öl und Salz mischen.

2. Den Thunfisch abtropfen lassen und in eine Schüssel geben. Den Thunfisch mit einer Gabel gut zerkleinern. Mischen Sie die Mayonnaise, den Zitronensaft nach Geschmack und die Frühlingszwiebel.

3. Den Thunfisch auf zwei der Brotscheiben verteilen. Mit den Paprikastreifen belegen. Mit dem restlichen Brot bedecken und leicht andrücken.

4. Mit einem großen Kochmesser die Kruste vom Brot schneiden. Die Sandwiches diagonal halbieren, sodass zwei Dreiecke entstehen. Sofort servieren oder fest mit Plastikfolie abdecken und bis zum Servieren im Kühlschrank aufbewahren.

Dreieckige Schinken-Feigen-Sandwiches

Tramezzini di Prosciutto und Fichi

Ergibt 2 Sandwiches

Die Salzigkeit des Prosciutto und die Süße der Feigenmarmelade bieten in diesem Sandwich einen schönen Kontrast. Es eignet sich sehr gut als Vorspeise, wenn man es in Viertel schneidet. Mit prickelndem Prosecco servieren.

Ungesalzene Butter, bei Zimmertemperatur

4 Scheiben Weißbrot von guter Qualität

Etwa 2 Esslöffel Feigenmarmelade

4 dünne Scheiben importierter italienischer Prosciutto

1. Eine Seite jeder Brotscheibe leicht mit Butter bestreichen. Auf jeder Scheibe etwa 2 Teelöffel der Feigenmarmelade über die Butter streichen.

2. Zwei Scheiben Serrano-Schinken in die Mitte der Scheiben legen. Die restlichen Brotscheiben mit der Marmeladenseite nach unten auf den Serrano-Schinken legen.

3. Mit einem großen Kochmesser die Kruste vom Brot schneiden. Die Sandwiches diagonal halbieren, sodass zwei Dreiecke entstehen. Sofort servieren oder mit Frischhaltefolie abdecken und im Kühlschrank aufbewahren.

Amaretto Bratäpfel

Mele al'Amaretto

Ergibt 6 Portionen

Amaretto ist ein süßer Likör; Amaretti sind knusprige Kekse. Beide italienischen Produkte werden mit zwei Arten von Mandeln aromatisiert: der bekannten Sorte sowie einer leicht bitteren Mandel, die nicht pur gegessen wird, obwohl sie in Italien häufig zum Würzen von Desserts verwendet wird. Amaro bedeutet „bitter" und sowohl der Likör als auch die Kekse haben ihren Namen von diesen Mandeln. Beide sind weit verbreitet: die Kekse in Fachgeschäften und im Versandhandel und der Schnaps in vielen Spirituosengeschäften.

Die bekannteste Marke der Amaretti-Kekse ist in markanten roten Dosen oder Schachteln verpackt. Die Kekse sind paarweise in pastellfarbenes Seidenpapier eingewickelt. Es gibt andere Marken von Amaretti, die die Kekse lose in Tüten verpacken. Ich habe immer Amaretti zu Hause. Sie sind lange haltbar und ein Genuss zu einer Tasse Tee oder als Zutat in verschiedenen süßen und herzhaften Gerichten.

Golden sind die Äpfel, die ich zum Backen bevorzuge. Lokal angebaute sind süß und knusprig, behalten aber beim Backen ihre Form sehr gut.

6 Backäpfel, z. B. Golden Delicious

6 Amaretti-Kekse

6 Esslöffel Zucker

2 Esslöffel ungesalzene Butter

6 Esslöffel Amaretto oder Rum

1. Stellen Sie einen Rost in die Mitte des Ofens. Backofen auf 375 ° F vorheizen. Eine Auflaufform, die groß genug ist, um die Äpfel aufrecht zu halten, mit Butter bestreichen.

2. Entfernen Sie die Apfelkerne und schälen Sie die Äpfel etwa zwei Drittel vom Stielende.

3. Legen Sie die Amaretti-Kekse in eine Plastiktüte und zerdrücken Sie sie vorsichtig mit einem schweren Gegenstand, z. B. einem Nudelholz. In einer mittelgroßen Schüssel die Krümel mit dem Zucker und der Butter mischen.

4. Etwas von der Mischung in die Mitte jedes Apfels füllen. Den Amaretto über die Äpfel gießen. 1 Tasse Wasser um die Äpfel gießen.

5. 45 Minuten backen oder bis die Äpfel weich sind, wenn sie mit einem Messer durchstochen werden. Warm oder bei Zimmertemperatur servieren.

Livias Apfelkuchen

Torta di Mele alla Livia

Ergibt 8 Portionen

Meine Freundin Livia Colantonio lebt in Umbrien auf einer Farm namens Podernovo. Der Bauernhof züchtet Chianina-Rinder, baut verschiedene Weintrauben an und füllt Wein unter dem Label Castello delle Regine ab.

Die Gäste können in einem der wunderschön restaurierten Gästehäuser in Podernovo wohnen, das nur 45 Minuten von Rom entfernt ist, und einen ruhigen Urlaub genießen. Livia macht diesen einfachen, aber sensationellen "Kuchen", der nach einem Herbst- oder Winteressen immer gut schmeckt. Es ist kein Kuchen im herkömmlichen Sinne, denn er besteht fast ausschließlich aus Äpfeln, mit nur ein paar Kekskrümeln zwischen den Schichten, um einen Teil der Fruchtsäfte aufzunehmen. Mit einer Kugel Schlagsahne oder Rum-Rosinen-Eis servieren.

Sie benötigen eine runde Pfanne oder Auflaufform, die 9 Zoll breit und 3 Zoll tief ist. Verwenden Sie eine Kuchenform, eine Auflaufform oder eine Auflaufform, aber keine Springform, da sonst der Apfelsaft herausspritzt.

12 Amaretti-Kekse

3 Pfund Golden Delicious, Granny Smith oder andere feste Äpfel (etwa 6 große)

1 1/2 Tasse Zucker

1. Legen Sie die Amaretti-Kekse in eine Plastiktüte und zerdrücken Sie sie vorsichtig mit einem schweren Gegenstand, z. B. einem Nudelholz. Sie sollten etwa 3/4 Tasse Krümel haben.

2. Die Äpfel schälen und der Länge nach vierteln. Viertel in 1/8 Zoll dicke Scheiben schneiden.

3. Stellen Sie einen Rost in die Mitte des Ofens. Backofen auf 350 ° F vorheizen Fetten Sie eine runde 9 × 3-Zoll-Backform oder eine Rohrpfanne großzügig ein. Legen Sie den Boden der Pfanne mit einem Kreis aus Pergamentpapier aus. Butter das Papier.

4. Machen Sie eine Schicht aus leicht überlappenden Äpfeln auf dem Boden der Pfanne. Mit etwas Brösel und Zucker bestreuen. Die restlichen Apfelscheiben abwechselnd mit den restlichen Bröseln und dem Zucker in der Pfanne schichten. Die Apfelscheiben müssen nicht sauber sein. Legen Sie ein Blatt Aluminiumfolie darüber und formen Sie es über den Rand der Pfanne.

5. Die Äpfel anderthalb Stunden backen. Aufdecken und weitere 30 Minuten backen oder bis die Äpfel weich sind, wenn sie mit einem Messer durchstochen werden, und ihr Volumen verringert haben. Übertragen Sie die Pfanne auf ein Drahtgitter. Mindestens 15 Minuten abkühlen lassen. Führen Sie ein Messer um den Rand der Pfanne. Halten Sie die Pfanne mit einem Topflappen in einer Hand und stellen Sie eine flache Servierplatte auf die Pfanne. Beides umdrehen, sodass die Äpfel auf den Teller gelangen.

6. Bei Zimmertemperatur servieren, in Keile schneiden. Mit einem umgedrehten Behälter abdecken und bis zu 3 Tage im Kühlschrank aufbewahren.

Aprikosen in Zitronensirup

Albicocche al Limone

Ergibt 6 Portionen

Perfekt reife Aprikosen müssen nicht wirklich verbessert werden, aber wenn Sie welche haben, die nicht perfekt sind, versuchen Sie, sie in einem einfachen Zitronensirup zu kochen. Die pochierten Aprikosen kalt servieren, evtl. mit Amaretto-Schlagsahne.

1 Tasse kaltes Wasser

1 1/4 Tasse Zucker oder nach Geschmack

2 (2-Zoll) Streifen Zitronenschale

2 Esslöffel frischer Zitronensaft

1 Pfund Aprikosen (ca. 8)

1. Mischen Sie in einem Topf oder einer Pfanne, die groß genug ist, um die Aprikosenhälften in einer einzigen Schicht aufzunehmen, Wasser, Zucker, Schale und Saft. Bei mittlerer Hitze zum Kochen bringen und 10 Minuten lang kochen, dabei die Pfanne ein- oder zweimal drehen.

2. Schneiden Sie die Aprikosen entlang der Linie in zwei Hälften und entfernen Sie die Kerne. Legen Sie die Hälften in den kochenden Sirup. Etwa 5 Minuten kochen, dabei einmal wenden, bis die Früchte weich sind.

3. Die Aprikosen kurz im Sirup abkühlen lassen, dann abgedeckt im Kühlschrank aufbewahren. Kalt servieren.

Beeren mit Zitrone und Zucker

Frutti di Bosco al Limone

Ergibt 4 Portionen

Frischer Zitronensaft und Zucker bringen das volle Aroma der Beeren zur Geltung. Versuchen Sie dies mit einer einzelnen Beerensorte oder einer Kombination. Top die gewürzten Beeren mit einer Kugel Zitroneneis oder Sorbet, falls gewünscht.

Eine meiner Lieblingsbeeren, die winzige Walderdbeere (fragoline del bosco), ist in Italien weit verbreitet, aber hier nicht weit verbreitet. Walderdbeeren haben ein köstliches Erdbeeraroma und lassen sich leicht im Topf ziehen. Die Samen sind bei vielen Katalogfirmen erhältlich und Sie können die Pflanzen in vielen Baumschulen hier in den Vereinigten Staaten kaufen.

1 Tasse geschnittene Erdbeeren

1 Tasse Brombeeren

1 Tasse Blaubeeren

1 Tasse Himbeeren

Frisch gepresster Zitronensaft (ca. 2 Esslöffel)

Zucker (etwa 1 Esslöffel)

1. In einer großen Schüssel die Beeren vorsichtig mischen. Mit Zitronensaft und Zucker nach Geschmack beträufeln. Abschmecken und die Gewürze anpassen.

2. Die Beeren in flachen Serviertellern anrichten. Sofort servieren.

Erdbeeren mit Balsamico-Essig

Fragole al Balsamico

Ergibt 2 Portionen

Wenn Sie die kleinen Walderdbeeren finden, die auf Italienisch als Fragoline del Bosco bekannt sind, verwenden Sie sie in diesem Dessert. Aber auch normale frische Erdbeeren profitieren von einer schnellen Marinade in gereiftem Balsamico-Essig. Wie ein Spritzer frischer Zitronensaft auf einem Stück Fisch oder Salz auf einem Steak verfeinert der intensiv süß-herbe Geschmack von Balsamico-Essig viele Speisen. Betrachten Sie es eher als Gewürz als als Essig.

Sie müssen wahrscheinlich gereiften Balsamico-Essig in einem Fachgeschäft kaufen. In der Gegend von New York ist eine meiner Lieblingsquellen Di Palo Fine Foods in der Grand Street in Little Italy (sieheQuellen). Louis Di Palo ist eine wandelnde Enzyklopädie über Balsamico-Essig sowie alle anderen aus Italien importierten Lebensmittel. Als ich das erste Mal Balsamico bestellte, zog er mehrere Flaschen heraus und bot jedem im Laden Proben an, während er jede einzelne erklärte.

Der beste Balsamico wird in den Provinzen Modena und Reggio in der Emilia-Romagna hergestellt. Geschmeidig, komplex und *sirupartig, schmeckt er eher wie ein reichhaltiger Likör als wie ein starker Essig und wird oft wie ein Likör getrunken.* Achten Sie auf die Worte Aceto Balsamico Tradizionale auf dem Etikett. Obwohl teuer, reicht ein wenig aus.

1 Pint wilde oder kultivierte Erdbeeren, falls groß, in Scheiben geschnitten

2 Esslöffel gealterter Balsamico-Essig bester Qualität oder nach Geschmack

2 Esslöffel Zucker

Mischen Sie in einer mittelgroßen Schüssel die Erdbeeren mit Essig und Zucker. 15 Minuten vor dem Servieren stehen lassen.

Himbeeren mit Mascarpone und Balsamico-Essig

Lampone mit Mascarpone und Balsamico

Ergibt 4 Portionen

Spülen Sie empfindliche Himbeeren immer kurz vor der Verwendung ab; Wenn Sie sie vorher abspülen, könnten sie durch die Feuchtigkeit schneller verderben. Überprüfen Sie sie vor dem Servieren und entsorgen Sie alle, die Anzeichen von Schimmel aufweisen. Lagern Sie Beeren in einem flachen Behälter unbedeckt im Kühlschrank, aber verwenden Sie sie so schnell wie möglich nach dem Kauf, da sie schnell verderben.

Mascarpone ist eine dicke, glatte Creme, die als Käse bezeichnet wird, obwohl sie nur einen leichten Käsegeschmack hat. Es hat eine ähnliche Textur wie Sauerrahm oder ist etwas dicker. Wenn Sie möchten, können Sie Crème Fraîche, Ricotta oder Sauerrahm ersetzen.

1 1/2 Tassen Mascarpone

Etwa 1/4 Tasse Zucker

1 bis 2 Esslöffel gealterter Balsamico-Essig bester Qualität

2 Tassen Himbeeren, leicht gespült und getrocknet

1. In einer kleinen Schüssel Mascarpone und Zucker schlagen, bis alles gut vermischt ist. Balsamico-Essig nach Geschmack hinzugeben. 15 Minuten stehen lassen und erneut umrühren.

2. Himbeeren auf 4 Serviergläser oder Schalen verteilen. Mit Mascarpone toppen und sofort servieren.

Kirschen im Barolo

Ciliege al Barolo

Ergibt 4 Portionen

Hier werden süße, reife Kirschen nach piemontesischer Art in Barolo oder einem anderen vollmundigen Rotwein gekocht.

³1/4 Tasse Zucker

1 Tasse Barolo oder anderer trockener Rotwein

1 Pfund reife Süßkirschen, entsteint

1 Tasse schwere oder schwere Sahne, sehr kalt

1. Stellen Sie mindestens 20 Minuten, bevor Sie bereit sind, die Sahne zu schlagen, eine große Rührschüssel und die Rührbesen eines elektrischen Mixers in den Kühlschrank.

2. In einem großen Topf Zucker und Wein vermischen. Zum Köcheln bringen und 5 Minuten kochen.

3. Kirschen hinzufügen. Nachdem die Flüssigkeit wieder köchelt, kochen, bis die Kirschen weich sind, wenn sie mit einem Messer

durchstochen werden, etwa 10 weitere Minuten. Abkühlen lassen.

4. Unmittelbar vor dem Servieren Schüssel und Rührbesen aus dem Kühlschrank nehmen. Gießen Sie die Sahne in die Schüssel und schlagen Sie die Sahne mit hoher Geschwindigkeit, bis sie sanft ihre Form behält, wenn die Rührbesen angehoben werden, etwa 4 Minuten lang.

5. Gießen Sie die Kirschen in Servierschalen. Bei Zimmertemperatur oder leicht gekühlt mit Schlagsahne servieren.

heiß geröstete Kastanien

Kalderoste

Ergibt 8 Portionen

Der Martinstag, der 11. November, wird in ganz Italien mit heiß gerösteten Kastanien und frisch gebrühtem Rotwein gefeiert. Die Feier markiert nicht nur das Fest eines geliebten Heiligen, der für seine Freundlichkeit gegenüber den Armen bekannt war, sondern auch das Ende der Vegetationsperiode, den Tag, an dem die Erde für den Winter ruht.

Geröstete Kastanien sind auch ein klassisches i-Tüpfelchen auf Winterurlaubsgerichten in ganz Italien. Ich stelle sie zum Kochen in den Ofen, wenn wir uns zum Abendessen hinsetzen, und wenn wir mit unserem Hauptgericht fertig sind, sind sie fertig zum Essen.

1 Pfund frische Kastanien

1. Stellen Sie einen Rost in die Mitte des Ofens. Backofen auf 425 ° F vorheizen. Kastanien abspülen und trocken tupfen. Legen Sie die Kastanien mit der flachen Seite nach unten auf ein Schneidebrett. Schneiden Sie mit der Spitze eines kleinen, scharfen Messers vorsichtig ein X in die Oberseite jedes Stücks.

2. Legen Sie die Kastanien auf ein großes Blatt strapazierfähige Aluminiumfolie. Falten Sie ein Ende über das andere, um die Kastanien einzuschließen. Falten Sie die Enden um, um sie zu versiegeln. Legen Sie das Päckchen auf ein Backblech. Braten Sie die Kastanien etwa 45 bis 60 Minuten lang, bis sie gerade weich sind, wenn sie mit einem kleinen Messer durchstochen werden.

3. Übertragen Sie das Folienpaket auf ein Kühlregal. Die in Alufolie eingewickelten Kastanien 10 Minuten ruhen lassen. Heiß servieren.

Feigenkonserven

Marmellata von Fichi

Macht 1 1/2 Pints

Sowohl domestizierte als auch wilde Feigenbäume wachsen in ganz Italien, außer in den nördlichsten Regionen, wo es zu kalt ist. Weil sie so süß und weit verbreitet sind, werden Feigen in vielen Desserts verwendet, besonders in Süditalien. Reife Feigen sind nicht gut haltbar. Wenn sie im Spätsommer reichlich vorhanden sind, halten sie sich auf unterschiedliche Weise. In Apulien werden Feigen mit Wasser gekocht, um einen dicken, süßen Sirup herzustellen, der für Desserts verwendet wird. Die Feigen werden auch sonnengetrocknet oder zu Feigenkonserven verarbeitet.

Eine kleine Menge Feigenkonfitüre ist einfach zuzubereiten und kann einen Monat im Kühlschrank aufbewahrt werden. Für eine längere Lagerung sollte Marmelade in Dosen (unter Beachtung sicherer Konservierungsmethoden) oder eingefroren werden. Als Beilage zu einem Käsegang oder zum Frühstück auf gebuttertem Walnussbrot servieren.

1 1/2 Pfund frische reife Feigen, gespült und getrocknet

2 Tassen Zucker

2 Streifen Zitronenschale

1.Die Feigen schälen und in Viertel schneiden. Legen Sie sie in eine mittelgroße Schüssel mit Zucker und Zitronenschale. Gut umrühren. Abdecken und über Nacht kühl stellen.

2.Am nächsten Tag den Inhalt der Schüssel in einen großen, schweren Topf geben. Bei mittlerer Hitze zum Köcheln bringen. Unter gelegentlichem Rühren kochen, bis die Mischung leicht eindickt, etwa 5 Minuten. Um zu testen, ob die Mischung dick genug ist, geben Sie einen Tropfen der leicht abgekühlten Flüssigkeit zwischen Daumen und Zeigefinger. Wenn die Mischung einen Faden bildet, wenn Daumen und Finger leicht voneinander entfernt sind, ist die Konfitüre fertig.

3.In sterilisierte Gläser füllen und bis zu 30 Tage im Kühlschrank aufbewahren.

In Schokolade getauchte Feigen

Fichi al Cioccolato

Ergibt 8 bis 10 Portionen

Feuchte getrocknete Feigen, gefüllt mit Nüssen und in Schokolade getaucht, sind eine nette Leckerei nach dem Abendessen.

Ich kaufe gerne kandierte Orangenschalen bei Kalustyan's, einem Geschäft in New York City, das sich auf Gewürze, Trockenfrüchte und Nüsse spezialisiert hat. Weil sie viel verkaufen, ist es immer frisch und voller Geschmack. Viele andere Fachgeschäfte verkaufen gute kandierte Orangenschalen. Sie können es auch per Post anfordern (sQuellen). Kandierte Orangenschalen aus Supermärkten und andere Früchte werden in kleine Stücke geschnitten und sind meist ausgetrocknet und geschmacklos.

18 nass getrocknete Feigen (ca. 1 Pfund)

18 geröstete Mandeln

¹1/2 Tasse kandierte Orangenschale

4 Unzen bittersüße Schokolade, gehackt oder in kleine Stücke gebrochen

2 Esslöffel ungesalzene Butter

1. Ein Blech mit Pergamentpapier auslegen und ein Kuchengitter darauf stellen. Machen Sie eine kleine Vertiefung an der Basis jeder Feige. Eine Mandel und ein Stück Orangenschale in die Feigen stecken. Drücken Sie den Schlitz zusammen, um ihn zu schließen.

2. In der oberen Hälfte eines Wasserbads mit Wasserbad Schokolade und Butter etwa 5 Minuten lang schmelzen. Vom Herd nehmen und glatt rühren. 5 Minuten stehen lassen.

3. Tauchen Sie jede Feige in die geschmolzene Schokolade und legen Sie sie auf den Rost. Wenn alle Feigen eingeweicht sind, das Blech etwa 1 Stunde in den Kühlschrank stellen, damit die Schokolade fest wird.

4. Legen Sie die Feigen in einen luftdichten Behälter und trennen Sie jede Schicht mit Wachspapier. Im Kühlschrank bis zu 30 Tage lagern.

Feigen in Weinsirup

Fichi alla Contadina

Ergibt 8 Portionen

Getrocknete Calimyrna und kalifornische Missionsfeigen sind feucht und prall. Beide Sorten können für dieses Rezept verwendet werden. Nach dem Pochieren schmecken sie so wie sie sind oder mit Eis oder Schlagsahne serviert. Sie passen auch gut zu Gorgonzola-Käse.

1 Tasse Vin Santo, Marsala oder trockener Rotwein

2 Esslöffel Honig

2 (2-Zoll) Streifen Zitronenschale

18 nass getrocknete Feigen (ca. 1 Pfund)

1. Kombinieren Sie in einem mittelgroßen Topf den Vin Santo, den Honig und die Zitronenschale. Zum Köcheln bringen und 1 Minute kochen.

2. Fügen Sie die Feigen und kaltes Wasser hinzu, um zu bedecken. Die Flüssigkeit bei schwacher Hitze zum Köcheln bringen und den Topf abdecken. Kochen, bis die Feigen weich sind, etwa 10 Minuten.

3. Mit einem Schaumlöffel die Feigen aus dem Topf in eine Schüssel geben. Kochen Sie die Flüssigkeit unbedeckt, bis sie reduziert und leicht eingedickt ist, etwa 5 Minuten. Den Sirup über die Feigen gießen und abkühlen lassen. Mindestens 1 Stunde und bis zu 3 Tage im Kühlschrank lagern. Leicht gekühlt servieren.

Doras gebackene Feigen

fichi al forno

macht 2 Dutzend

Mit Walnüssen gefüllte getrocknete Feigen sind eine apulische Spezialität. Dieses Rezept stammt von meiner Freundin Dora Marzovilla, die sie im New Yorker Restaurant ihrer Familie, I Trulli, als Snack nach dem Abendessen serviert. Servieren Sie die Feigen mit einem Glas Dessertwein, z. B. Moscato di Pantelleria.

24 feuchte getrocknete Feigen (ca. 1 1/2 Pfund), Stielenden entfernt

24 geröstete Mandeln

1 Esslöffel Fenchelsamen

1 1/4 Tasse Lorbeerblätter

1. Stellen Sie einen Rost in die Mitte des Ofens. Backofen auf 350 ° F vorheizen. Die harten Stielenden von jeder Feige entfernen. Machen Sie mit einem kleinen Messer einen Schnitt an der Basis der Feigen. Eine Mandel in die Feigen stecken und den Schlitz zudrücken.

2. Legen Sie die Feigen auf ein Backblech und backen Sie sie 15 bis 20 Minuten lang oder bis sie leicht golden sind. Auf einem Kuchengitter abkühlen lassen.

3. Schichte die Feigen in einen luftdichten 1-Liter-Glas- oder Plastikbehälter. Mit etwas Fenchelsamen bestreuen. Mit einer Schicht Lorbeerblätter bedecken. Schichten wiederholen, bis alle Zutaten verbraucht sind. Zugedeckt mindestens 1 Woche vor dem Servieren an einem kühlen Ort (aber nicht im Kühlschrank) lagern.

Honigtau in Minzsirup

Melone alla Minze

Ergibt 4 Portionen

Nach einem großartigen Abendessen mit Fisch in einem Restaurant am Meer in Sizilien wurde uns diese frische Kombination aus süßer Melone in frischem Minzsirup serviert.

1 Tasse kaltes Wasser

1/2 Tasse Zucker

1/2 Tasse verpackte frische Minzeblätter plus mehr zum Garnieren

8 bis 12 Scheiben geschälter reifer Honigtau

1. Kombinieren Sie in einem Topf Wasser, Zucker und Minzblätter. Zum Kochen bringen und 1 Minute kochen lassen oder bis die Blätter weich werden. Vom Feuer entfernen. Abkühlen lassen, dann den Sirup durch ein feines Sieb in eine Schüssel abseihen, um die Minzblätter abzuseihen.

2. Die Melone in eine Schüssel geben und den Sirup über die Melone gießen. Kurz in den Kühlschrank stellen. Mit Minzblättern garniert servieren.

Orangen in Orangensirup

Arancia-Marinade

Ergibt 8 Portionen

Saftige Orangen in süßem Sirup sind ein perfektes Dessert nach einem reichhaltigen Essen. Besonders gerne serviere ich sie im Winter, wenn die frischen Orangen am schönsten sind. Auf einer Platte angerichtet sehen die Orangen mit ihrem Topping aus schimmernden Orangenzestenstreifen und Sirup sehr hübsch aus. Als Variation die Orangen in Spalten schneiden und mit geschnittener reifer Ananas kombinieren. Die Orangensauce zu allem servieren.

8 große Nabelorangen

11/4 Tassen Zucker

2 Esslöffel Brandy oder Orangenlikör

1. Reiben Sie die Orangen mit einer Bürste ein. Schneiden Sie die Enden ab. Mit einem Gemüseschäler den farbigen Teil der Orangenschale (die Schale) in breiten Streifen entfernen. Vermeiden Sie es, in das bittere weiße Mark zu graben. Die Schalenstreifen stapeln und in schmale Streichholzstücke schneiden.

2. Entfernen Sie die weiße Haut von den Orangen. Die Orangen auf einer Servierplatte anrichten.

3. Einen kleinen Topf mit Wasser zum Kochen bringen. Die Orangenschale hinzugeben und zum Köcheln bringen. 1 Minute kochen. Die Schale abtropfen lassen und mit kaltem Wasser abspülen. Wiederholen. (Dies wird helfen, etwas von der Bitterkeit aus der Schale zu entfernen.)

4. Den Zucker und 1/4 Tasse Wasser bei mittlerer Hitze in einen anderen kleinen Topf geben. Bringen Sie die Mischung zum Kochen. Kochen, bis der Zucker schmilzt und der Sirup eindickt, etwa 3 Minuten. Orangenschale hinzufügen und weitere 3 Minuten kochen. Abkühlen lassen.

5. Fügen Sie den Orangenschnaps zum Inhalt des Topfes hinzu. Mit einer Gabel die Orangenschale aus dem Sirup lösen und auf die Orangen legen. Gießen Sie den Sirup mit einem Löffel. Abdecken und bis zu 3 Stunden bis zum Servieren kalt stellen.

Gratinierte Orangen mit Zabaglione

Arancia allo Zabaione

Ergibt 4 Portionen

Gratiné ist ein französisches Wort, das bedeutet, die Oberfläche eines Gerichts zu bräunen. Es wird normalerweise auf herzhafte Speisen aufgetragen, die mit Paniermehl oder Käse bestäubt werden, um sie zu bräunen.

Zabaglione wird normalerweise pur oder als Soße für Obst oder Kuchen serviert. Hier wird es über die Orangen gegossen und kurz geröstet, bis es leicht gebräunt ist und einen cremigen Belag bildet. Auch Bananen, Kiwis, Beeren oder andere Beerenfrüchte lassen sich so zubereiten.

6 Navel-Orangen, geschält und in dünne Scheiben geschnitten

sabayon

1 großes Ei

2 große Eigelb

1/3 Tasse Zucker

⅓ Tasse trockener oder süßer Marsala

1. Den Grill vorheizen. Die Orangenscheiben in einer feuerfesten Auflaufform leicht überlappend anordnen.

2. Bereiten Sie die Zabaglione zu: Füllen Sie einen kleinen Topf oder den Boden eines Wasserbads mit 2 Zoll Wasser. Bei schwacher Hitze zum Köcheln bringen. In einer Schüssel, die größer als der Rand der Pfanne oder die Oberseite des Wasserbads ist, Ei, Eigelb, Zucker und Marsala vermischen. Mit einem elektrischen Handmixer schaumig schlagen. Über Topf mit kochendem Wasser stellen. Schlagen Sie, bis die Mischung eine blasse Farbe hat und eine glatte Form behält, wenn die Rührer angehoben werden, etwa 5 Minuten lang.

3. Die Zabaglione auf den Orangen verteilen. Stellen Sie die Schüssel 1 bis 2 Minuten lang unter den Grill oder bis die Zabaglione stellenweise gebräunt ist. Sofort servieren.

Weiße Pfirsiche in Asti Spumante

Pesche Bianche in Asti Spumante

Ergibt 4 Portionen

Asti Spumante ist ein süßer, prickelnder Dessertwein aus dem Piemont im Nordwesten Italiens. Es hat einen zarten Geschmack und ein Aroma von Orangenblüten, die von den Muskatellertrauben stammen. Wenn du keine weißen Pfirsiche finden kannst, eignen sich gelbe Pfirsiche gut oder ersetzen andere Sommerfrüchte wie Nektarinen, Pflaumen oder Aprikosen.

4 große reife weiße Pfirsiche

1 Löffel Zucker

8 Unzen kalter Asti Spumante

1. Pfirsiche schälen und entsteinen. Schneiden Sie sie in dünne Scheiben.

2. Die Pfirsiche mit dem Zucker mischen und 10 Minuten stehen lassen.

3. Die Pfirsiche mit einem Löffel in Gläser oder Parfaitgläser füllen. Mit dem Asti Spumante aufgießen und sofort servieren.

Pfirsiche in Rotwein

Fisch al Vino Rosso

Ergibt 4 Portionen

Ich erinnere mich, wie ich meinem Großvater dabei zusah, wie er seine selbst angebauten weißen Pfirsiche schnitt, um sie in einem Krug Rotwein einzuweichen. Süße Pfirsichsäfte zähmten jede Härte im Wein. Weiße Pfirsiche sind mein Favorit, aber gelbe Pfirsiche oder Nektarinen sind auch gut.

1/3 Tasse Zucker oder nach Geschmack

2 Tassen fruchtiger Rotwein

4 reife Pfirsiche

1. In einer mittelgroßen Schüssel Zucker und Wein vermischen.

2. Die Pfirsiche halbieren und die Kerne entfernen. Pfirsiche in kleine Stücke schneiden. Rühren Sie sie mit dem Wein um. Abdecken und 2 bis 3 Stunden kühl stellen.

3. Pfirsiche und Wein in Gläser füllen und servieren.

Amaretti gefüllte Pfirsiche

Fisch im Ofen

Ergibt 4 Portionen

Dies ist ein beliebtes Dessert im Piemont. Mit Schlagsahne beträufelt oder mit einer Kugel Eiscreme servieren.

8 mittelgroße Pfirsiche, nicht überreif

8 Amaretti-Kekse

2 Esslöffel weiche ungesalzene Butter

2 Esslöffel Zucker

1 großes Ei

1. Stellen Sie einen Rost in die Mitte des Ofens. Backofen auf 375 ° F vorheizen. Eine Auflaufform, die groß genug ist, um die Pfirsichhälften in einer einzigen Schicht aufzunehmen, mit Butter bestreichen.

2. Legen Sie die Amaretti-Kekse in eine Plastiktüte und zerdrücken Sie sie vorsichtig mit einem schweren Gegenstand, z. B. einem Nudelholz. Sie sollten etwa 1/2 Tasse haben. In einer

mittelgroßen Schüssel Butter und Zucker cremig schlagen und die Brösel hinzufügen.

3. Folgen Sie der Linie um die Pfirsiche, schneiden Sie sie in zwei Hälften und entfernen Sie den Kern. Mit einem Grapefruitlöffel oder einem Melonenausstecher etwas Pfirsichfleisch aus der Mitte herauslösen, um die Öffnung zu erweitern, und zu der Krümelmischung hinzufügen. Fügen Sie das Ei der Mischung hinzu.

4. Die Pfirsichhälften mit den Schnittflächen nach oben auf dem Teller anrichten. Etwas von der Bröselmischung auf jede Pfirsichhälfte geben.

5. 1 Stunde backen oder bis die Pfirsiche weich sind. Heiß oder bei Zimmertemperatur servieren.

Birnen in Orangensauce

Pere all 'Arancia

Ergibt 4 Portionen

Als ich Anna Tasca Lanza in Regaleali, dem Weingut ihrer Familie auf Sizilien, besuchte, gab sie mir etwas von ihrer ausgezeichneten Mandarinenmarmelade mit nach Hause. Anna verwendet die Marmelade sowohl als Brotaufstrich als auch als Dessertsauce, und sie hat mich dazu inspiriert, etwas in die Pochierungsflüssigkeit einiger Birnen zu mischen, die sie gerade kochte. Die Birnen hatten eine schöne goldene Glasur und alle waren vom Ergebnis begeistert. Jetzt mache ich dieses Dessert oft. Da sie den Marmeladenvorrat von Anna schnell aufgebraucht hat, verwende ich hochwertige Orangenmarmelade aus dem Laden.

1/2 Tasse Zucker

1 Tasse trockener Weißwein

4 feste reife Birnen, wie Anjou, Bartlett oder Bosc

1/3 Tasse Orangenmarmelade

2 EL Orangen- oder Rumlikör

1. In einem Topf, der groß genug ist, um die Birnen aufrecht zu halten, Zucker und Wein mischen. Bei mittlerer Hitze zum Köcheln bringen und kochen, bis sich der Zucker aufgelöst hat.

2. Fügen Sie die Birnen hinzu. Decken Sie die Pfanne ab und kochen Sie sie etwa 30 Minuten lang oder bis die Birnen weich sind, wenn sie mit einem Messer durchstochen werden.

3. Mit einem Schaumlöffel die Birnen auf eine Servierplatte geben. Die Marmelade zur Flüssigkeit in den Topf geben. Zum Köcheln bringen und 1 Minute kochen. Vom Herd nehmen und den Likör hinzufügen. Die Sauce über und um die Birnen gießen. Abdecken und mindestens 1 Stunde vor dem Servieren im Kühlschrank kalt stellen.

Birnen mit Marsala und Sahne

Pere al-Marsala

Ergibt 4 Portionen

Ich habe in einer Trattoria in Bologna Birnen auf diese Weise zubereiten lassen. Wenn Sie sie kurz vor dem Abendessen zubereiten, haben sie genau die richtige Temperatur, um sie zu servieren, wenn Sie bereit für den Nachtisch sind.

Sie können trockenen und süßen Marsala finden, der aus Sizilien importiert wird, obwohl der trockene von besserer Qualität ist. Beide können zur Herstellung von Desserts verwendet werden.

4 große Anjou-, Bartlett- oder Bosc-Birnen, nicht überreif

1/4 Tasse Zucker

1/2 Tasse Wasser

1/2 Tasse trockener oder süßer Marsala

1/4 Tasse Sahne

1. Birnen schälen und längs halbieren.

2. In einer Pfanne, die groß genug ist, um die Birnenhälften in einer einzigen Schicht aufzunehmen, den Zucker und das Wasser bei mittlerer Hitze zum Kochen bringen. Rühren, um den Zucker aufzulösen. Fügen Sie die Birnen hinzu und decken Sie die Pfanne ab. Kochen Sie für 5 bis 10 Minuten oder bis die Birnen fast weich sind, wenn Sie sie mit einer Gabel einstechen.

3. Mit einem Schaumlöffel die Birnen auf einen Teller geben. Den Marsala in die Pfanne geben und zum Köcheln bringen. Etwa 5 Minuten kochen, bis der Sirup leicht dicklich ist. Sahne zugeben und weitere 2 Minuten köcheln lassen.

4. Die Birnen zurück in die Pfanne geben und mit der Sauce beträufeln. Die Birnen auf Teller verteilen und die Sauce darüber gießen. Vor dem Servieren auf Zimmertemperatur abkühlen lassen.

Birnen mit warmer Schokoladensauce

Pere Affogato al Cioccolato

Ergibt 6 Portionen

Frische Birnen, eingetaucht in eine süß-saure Schokoladensauce, sind ein klassisches europäisches Dessert. Ich hatte es in Bologna, wo die Schokoladensauce aus Majani-Schokolade hergestellt wurde, einer lokal hergestellten Marke, die leider nicht weit von ihrer Heimatstadt entfernt ist. Verwenden Sie eine hochwertige Zartbitterschokolade. Eine Marke, die ich mag, Scharffen Berger, wird in Kalifornien hergestellt.

6 Anjou-, Bartlett- oder Bosc-Birnen, nicht überreif

2 Tassen Wasser

^{3}1/4 Tasse Zucker

4 (2 × 1/2 Zoll) Orangenschalenstreifen, in Stifte geschnitten

   11/2 Tassenheiße Schokoladensauce

1. Die Birnen schälen, die Stiele intakt lassen. Schöpfen Sie mit einer Melonenschaufel oder einem kleinen Löffel den Kern und die Samen heraus, indem Sie von der Unterseite der Birnen aus arbeiten.

2. In einem Topf, der groß genug ist, um alle Birnen aufrecht zu halten, das Wasser, den Zucker und die Orangenschale bei mittlerer Hitze zum Köcheln bringen. Rühren, bis sich der Zucker auflöst.

3. Fügen Sie die Birnen hinzu und reduzieren Sie die Hitze auf niedrig. Decken Sie die Pfanne ab und kochen Sie sie, wobei Sie die Birnen einmal wenden, für 20 Minuten oder bis sie weich sind, wenn sie mit einem kleinen Messer durchstochen werden. Die Birnen im Sirup abkühlen lassen.

4. Wenn Sie servierbereit sind, bereiten Sie die Schokoladensauce vor.

5. Birnen mit einem Schaumlöffel auf Servierteller verteilen. (Bedecken Sie den Sirup und kühlen Sie ihn für eine andere Verwendung, z. B. zum Einstreuen in geschnittenes Obst für einen Salat.) Mit warmer Schokoladensauce beträufeln. Sofort servieren.

Rum gewürzte Birnen

Pere al Rum

Ergibt 6 Portionen

Der süße, weiche, fast blumige Geschmack reifer Birnen eignet sich für viele andere ergänzende Aromen. Früchte wie Orangen, Zitronen und Beeren und viele Käsesorten passen gut dazu, und zum Pochieren der Birnen werden oft Marsala und trockene Weine verwendet. Im Piemont war ich angenehm überrascht, diese langsam gekochten Birnen in einem gewürzten Rumsirup, begleitet von einem einfachen Haselnusskuchen, serviert zu bekommen.

6 Anjou-, Bartlett- oder Bosc-Birnen, nicht überreif

1/4 Tasse brauner Zucker

1/4 Tasse dunkler Rum

1/4 Tasse Wasser

4 ganze Zähne

1. Die Birnen schälen, die Stiele intakt lassen. Schöpfen Sie mit einer Melonenschaufel oder einem kleinen Löffel den Kern und die Samen heraus, indem Sie von der Unterseite der Birnen aus arbeiten.

2. In einem Topf, der groß genug für die Birnen ist, Zucker, Rum und Wasser bei mittlerer Hitze etwa 5 Minuten lang verquirlen, bis der Zucker schmilzt. Fügen Sie die Birnen hinzu. Die Nelken um die Frucht verteilen.

3. Decken Sie die Pfanne ab und lassen Sie die Flüssigkeit köcheln. Bei mittlerer Hitze 15 bis 20 Minuten kochen oder bis die Birnen weich sind, wenn sie mit einem Messer durchstochen werden. Mit einem Schaumlöffel die Birnen auf eine Servierplatte geben.

4. Die Flüssigkeit unbedeckt köcheln lassen, bis sie reduziert und dickflüssig ist. Die Flüssigkeit über die Birnen abseihen. Abkühlen lassen.

5. Bei Zimmertemperatur servieren oder zugedeckt im Kühlschrank kalt stellen.

Gewürzbirnen mit Pecorino

Pere allo Spezie e Pecorino

Ergibt 6 Portionen

Die Toskaner sind stolz auf ihren ausgezeichneten Pecorino-Käse. Jede Stadt hat ihre eigene Version, und jede schmeckt etwas anders als die anderen, je nachdem, wie sie gereift ist und woher die Milch kommt. Käse wird im Allgemeinen gegessen, wenn er ziemlich jung und noch halbfest ist. Als Dessert wird der Käse manchmal mit etwas Honig beträufelt oder mit Birnen serviert. Ich mag diese raffinierte Präsentation, die ich in Montalcino hatte: Pecorino, serviert mit Birnen, gekocht in lokalem Rotwein und Gewürzen, begleitet von frischen Walnüssen.

Natürlich werden die Birnen auch pur oder mit einem großen Klecks Schlagsahne serviert.

6 mittelgroße Anjou-, Bartlett- oder Bosc-Birnen, nicht überreif

1 Tasse trockener Rotwein

1/2 Tasse Zucker

1 Stück Zimt (3 Zoll)

4 ganze Zähne

8 Unzen Pecorino Toscano, Asiago oder Parmigiano-Reggiano-Käse, in 6 Stücke geschnitten

12 Walnusshälften, geröstet

1. Stellen Sie einen Rost in die Mitte des Ofens. Heizen Sie den Ofen auf 450 ° F. Ordnen Sie die Birnen in einer Auflaufform an, die groß genug ist, um sie aufrecht zu halten.

2. Wein und Zucker verrühren, bis der Zucker weich wird. Die Mischung über die Birnen gießen. Zimt und Nelken um die Birnen streuen.

3. Birnen backen, dabei gelegentlich mit Wein begießen, 45 bis 60 Minuten oder bis sie weich sind, wenn sie mit einem Messer durchstochen werden. Wenn die Flüssigkeit zu trocknen beginnt, bevor die Birnen gar sind, etwas warmes Wasser in die Pfanne geben.

4. Die Birnen auf dem Teller abkühlen lassen und gelegentlich mit dem Bratensaft begießen. (Wenn die Säfte abkühlen, verdicken sie sich und überziehen die Birnen mit einer satten roten Glasur.) Gewürze entfernen.

5. Die Birnen mit dem Sirup zimmerwarm oder leicht kalt servieren. Mit zwei Walnusshälften und einem Stück Käse auf Tellern anrichten.

Pochierte Birnen mit Gorgonzola

Pere al-Gorgonzola

Ergibt 4 Portionen

Der würzige Geschmack von Gorgonzola-Käse, gemischt mit einer glatten Creme, ist eine herzhafte Ergänzung zu diesen pochierten Birnen in einem Weißwein-Zitronensirup. Eine Prise Pistazien fügt einen Hauch von leuchtender Farbe hinzu. Anjou-, Bartlett- und Bosc-Birnen sind meine Lieblingssorten zum Pochieren, weil sie durch ihre dünne Form gleichmäßig garen können. Pochierte Birnen behalten ihre Form am besten, wenn die Frucht nicht überreif ist.

2 Tassen trockener Weißwein

2 Esslöffel frischer Zitronensaft

³1/4 Tasse Zucker

2 (2-Zoll) Streifen Zitronenschale

4 Birnen wie Anjou, Bartlett oder Bosc

4 Unzen Gorgonzola

2 Esslöffel Ricotta, Mascarpone oder Schlagsahne

2 Esslöffel gehackte Pistazien

1. In einem mittelgroßen Topf Wein, Zitronensaft, Zucker und Zitronenschale vermischen. Zum Kochen bringen und 10 Minuten kochen lassen.

2. In der Zwischenzeit die Birnen schälen und längs halbieren. Entfernen Sie die Kerne.

3. Die Birnen in den Weinsirup geben und etwa 10 Minuten garen, bis sie mit einem Messer durchstochen werden, bis sie gerade weich sind. Abkühlen lassen.

4. Mit einem Schaumlöffel zwei Birnenhälften mit der Kernseite nach oben auf jede Servierplatte legen. Den Sirup um die Birnen träufeln.

5. In einer kleinen Schüssel den Gorgonzola mit dem Ricotta zu einer glatten Paste pürieren. Schöpfen Sie etwas von der Käsemischung in den entkernten Raum jeder Birnenhälfte. Mit den Pistazien bestreuen. Sofort servieren.

Birnen- oder Apfelpuddingkuchen

Budino di Pere oder Mele

Ergibt 6 Portionen

Dieses Dessert ist kein Kuchen oder Pudding, sondern besteht aus Früchten, die weich gekocht und dann mit einem leicht kuchenartigen Belag gebacken werden. Es ist gut mit Äpfeln oder Birnen oder sogar Pfirsichen oder Pflaumen.

Ich verwende gerne dunklen Rum, um dieses Dessert zu würzen, aber leichter Rum, Cognac oder sogar Grappa können ersetzt werden.

³1/4 Tasse Rosinen

¹1/2 Tasse dunkler Rum, Cognac oder Grappa

2 Esslöffel ungesalzene Butter

8 feste, reife Äpfel oder Birnen, geschält und in 1/2-Zoll-Scheiben geschnitten

1/3 Tasse Zucker

Zusatz

6 Esslöffel ungesalzene Butter, geschmolzen und abgekühlt

¹/3 Tasse Zucker

¹1/2 Tasse Allzweckmehl

3 große Eier, getrennt

²1/3 Tasse Vollmilch

2 Esslöffel dunkler Rum, Cognac oder Grappa

1 Teelöffel reiner Vanilleextrakt

Prise Salz

Puderzucker

1. In einer kleinen Schüssel die Rosinen und den Rum vermischen. 30 Minuten stehen lassen.

2. Die Butter in einer großen Pfanne bei mittlerer Hitze schmelzen. Obst und Zucker zugeben. Unter gelegentlichem Rühren kochen, bis die Früchte fast weich sind, etwa 7 Minuten. Rosinen und Rum zugeben. Noch 2 Minuten kochen. Vom Feuer entfernen.

3. Stellen Sie einen Rost in die Mitte des Ofens. Ofen vorheizen auf 350 ° F. Fetten Sie eine 13 × 9 × 2-Zoll-Auflaufform ein. Gießen Sie die Fruchtmischung in die Auflaufform.

4. Den Belag zubereiten: In einer großen Schüssel mit einem elektrischen Mixer Butter und Zucker etwa 3 Minuten lang schlagen, bis sie vermischt sind. Fügen Sie das Mehl hinzu, nur um es zu kombinieren.

5. In einer mittelgroßen Schüssel Eigelb, Milch, Rum und Vanille verquirlen. Rühren Sie die Eimischung in die Mehlmischung, bis sie gerade vermischt ist.

6. In einer anderen großen Schüssel mit sauberen Rührbesen das Eiweiß mit dem Salz bei niedriger Geschwindigkeit schaumig schlagen. Erhöhen Sie die Geschwindigkeit und schlagen Sie, bis sich weiche Spitzen bilden, etwa 4 Minuten. Das Eiweiß vorsichtig unter den restlichen Teig heben. Gießen Sie den Teig über die Früchte in der Auflaufform und backen Sie ihn 25 Minuten lang oder bis die Oberseite goldbraun ist und sich fest anfühlt.

7. Warm oder bei Zimmertemperatur mit Puderzucker bestäubt servieren.

warmes Fruchtkompott

Calda-Fruchtkompost

Ergibt 6 bis 8 Portionen

Rum wird in Italien oft zum Würzen von Desserts verwendet. Dunkler Rum hat einen tieferen Geschmack als heller Rum. Ersetzen Sie den Rum in diesem Rezept durch einen anderen Likör oder einen süßen Wein wie Marsala, wenn Sie möchten. Oder machen Sie eine alkoholfreie Version mit Orangen- oder Apfelsaft.

2 feste reife Birnen, geschält und entkernt

1 Golden Delicious oder Granny Smith Apfel, geschält und entkernt

1 Tasse entkernte Pflaumen

1 Tasse getrocknete Feigen, Stielspitzen entfernt

1/2 Tasse entsteinte getrocknete Aprikosen

1/2 Tasse schwarze Rosinen

1/4 Tasse Zucker

2 (2-Zoll) Streifen Zitronenschale

1 Tasse Wasser

¹1/2 Tasse dunkler Rum

1. Birnen und Apfel in 8 Spalten schneiden. Schneiden Sie die Scheiben in kleine Stücke.

2. Kombinieren Sie alle Zutaten in einem großen Topf. Abdecken und bei mittlerer Hitze zum Kochen bringen. Etwa 20 Minuten kochen, bis die frischen Früchte weich und die getrockneten Früchte prall sind. Fügen Sie etwas mehr Wasser hinzu, wenn sie trocken erscheinen.

3. Vor dem Servieren leicht abkühlen lassen oder zugedeckt bis zu 3 Tage im Kühlschrank aufbewahren.

Venezianische karamellisierte Frucht

Golosezzi Veneziani

Ergibt 8 Portionen

Die Karamellbeschichtung auf diesen venezianischen Fruchtspießen härtet aus und ähnelt einem kandierten Apfel. Tupfen Sie die Früchte trocken und machen Sie diese Fruchtspieße an einem trockenen Tag. Bei feuchtem Wetter härtet der Karamell nicht richtig aus.

1 Mandarine oder Clementine, geschält, in Stücke geteilt

8 kleine Erdbeeren, geschält

8 kernlose Trauben

8 entsteinte Datteln

1 Tasse Zucker

1/2 Tasse leichter Maissirup

1/4 Tasse Wasser

1. Fädeln Sie die Fruchtstücke abwechselnd auf jeden der acht 6-Zoll-Holzspieße. Legen Sie ein Kühlregal auf ein Tablett.

2. In einer Pfanne, die groß genug ist, um die Spieße der Länge nach aufzunehmen, Zucker, Maissirup und Wasser mischen. Bei mittlerer Hitze unter gelegentlichem Rühren kochen, bis sich der Zucker vollständig aufgelöst hat, etwa 3 Minuten. Wenn die Mischung zu kochen beginnt, hören Sie auf zu rühren und kochen Sie, bis der Sirup beginnt, an den Rändern zu bräunen. Dann schwenken Sie die Pfanne vorsichtig über der Hitze, bis der Sirup eine gleichmäßige goldbraune Farbe hat, etwa 2 weitere Minuten.

3. Pfanne vom Herd nehmen. Tauchen Sie jeden Spieß mit einer Zange schnell in den Sirup und drehen Sie ihn, um die Früchte leicht, aber vollständig zu bedecken. Überschüssigen Sirup zurück in die Pfanne laufen lassen. Legen Sie die Spieße zum Abkühlen auf den Rost. (Wenn der Sirup in der Pfanne hart wird, bevor alle Spieße eingetaucht sind, erhitzen Sie ihn vorsichtig erneut.) Bei Raumtemperatur innerhalb von 2 Stunden servieren.

Obst mit Honig und Grappa

Fruchtkompost alla Grappa

Ergibt 6 Portionen

Grappa ist eine Art Brandy, der aus Vinaccia hergestellt wird, den Schalen und Kernen, die nach dem Pressen der Trauben zu Wein übrig bleiben. Es gab eine Zeit, da war Grappa ein grobes Getränk, das Arbeiterinnen und Arbeiter hauptsächlich in Norditalien zum Aufwärmen an kalten Wintertagen tranken. Heute ist Grappa ein hochfeines Getränk, das in Designerflaschen mit verzierten Stöpseln verkauft wird. Einige Grappas werden mit Früchten oder Kräutern aromatisiert, während andere in Holzfässern reifen. Verwenden Sie für diesen Obstsalat und andere Kochzwecke einfachen, geschmacksneutralen Grappa.

1/3 Tasse Honig

1/3 Tasse Grappa, Brandy oder Fruchtlikör

1 Esslöffel frischer Zitronensaft

2 Kiwis, geschält und in Scheiben geschnitten

2 Navel-Orangen, geschält und in Spalten geschnitten

1 Pint Erdbeeren, in Scheiben geschnitten

1 Tasse kernlose grüne Trauben, halbiert

2 mittelgroße Bananen, in Scheiben geschnitten

1. Mischen Sie in einer großen Servierschüssel Honig, Grappa und Zitronensaft.

2. Kiwis, Orangen, Erdbeeren und Weintrauben hinzufügen. Kühlen Sie für mindestens 1 Stunde oder bis zu 4 Stunden. Die Kochbananen kurz vor dem Servieren hinzugeben.

Winterfruchtsalat

Mazedonien des 'Winters

Ergibt 6 Portionen

In Italien heißt ein Obstsalat Mazedonien, weil das Land einst in viele kleine Abschnitte unterteilt war, die zu einem Ganzen zusammengesetzt wurden, ähnlich wie ein Salat aus mundgerechten Stücken verschiedener Früchte besteht. Im Winter, wenn die Obstauswahl begrenzt ist, bereiten die Italiener Salate wie diesen zu, garniert mit Honig und Zitronensaft. Alternativ können Sie den Honig auch durch Aprikosenmarmelade oder Orangenmarmelade ersetzen.

3 Esslöffel Honig

3 Esslöffel Orangensaft

1 Esslöffel frischer Zitronensaft

2 Grapefruits, geschält und in Spalten geteilt

2 Kiwis, geschält und in Scheiben geschnitten

2 reife Birnen

2 Tassen grüne kernlose Trauben, längs halbiert

1. Mischen Sie in einer großen Schüssel Honig, Orangensaft und Zitronensaft.

2. Die Früchte in die Schüssel geben und gut vermischen. Kühlen Sie für mindestens 1 Stunde oder bis zu 4 Stunden vor dem Servieren.

Gegrilltes Sommerobst

Spiedini alla Frutta

Ergibt 6 Portionen

Gegrillte Sommerfrüchte sind ideal für ein Barbecue. Servieren Sie sie allein oder mit Kuchenstücken und Eiscreme.

Wenn Sie Holzspieße verwenden, weichen Sie diese mindestens 30 Minuten lang in kaltem Wasser ein, um ein Anbrennen zu vermeiden.

2 Nektarinen, in 1-Zoll-Stücke geschnitten

2 Pflaumen, in 1-Zoll-Stücke geschnitten

2 Birnen, in 1-Zoll-Stücke geschnitten

2 Aprikosen, in Viertel geschnitten

2 Bananen, in 1-Zoll-Stücke geschnitten

frische Minzblätter

Etwa 2 Esslöffel Zucker

1. Stellen Sie einen Grill oder Grill etwa 5 Zoll von der Wärmequelle entfernt auf. Grill oder Grill vorheizen.

2. Fruchtstücke abwechselnd mit Minzblättern auf 6 Spieße stecken. Mit dem Zucker bestreuen.

3. Grillen oder grillen Sie die Früchte 3 Minuten auf einer Seite. Drehen Sie die Spieße um und grillen oder grillen Sie, bis sie leicht gebräunt sind, etwa 2 weitere Minuten. Heiß servieren.

warmer Ricotta mit Honig

Ricotta al Miele

Ergibt 2 bis 3 Portionen

Der Erfolg dieses Desserts hängt von der Qualität des Ricotta ab, kaufen Sie also den frischesten, der erhältlich ist. Während teilmagerer Ricotta in Ordnung ist, ist fettfreier Ricotta sehr körnig und geschmacklos, also lassen Sie ihn weg. Wer mag, fügt etwas frisches Obst hinzu oder probiert es mit Rosinen und einer Prise Zimt.

1 Tasse Vollmilch-Ricotta

2 Esslöffel Honig

1. Legen Sie den Ricotta in eine kleine Schüssel über einen kleineren Topf mit kochendem Wasser. Etwa 10 Minuten erhitzen, bis es warm ist. Gut umrühren.

2. Den Ricotta auf Tellern anrichten. Mit Honig beträufeln. Sofort servieren.

Ricotta-Kaffee

Ricotta alle 'Caffè

Ergibt 2 bis 3 Portionen

Hier ist ein schnelles Dessert, das sich für eine Vielzahl von Variationen eignet. Servieren Sie es mit einigen einfachen Shortbread-Keksen.

Wenn Sie keinen fein gemahlenen Espresso kaufen können, lassen Sie den gemahlenen Kaffee unbedingt durch Ihre Kaffeemühle oder Küchenmaschine laufen. Wenn die Körner zu groß sind, vermischt sich das Dessert nicht gut und hinterlässt eine grobkörnige Textur.

1 Tasse (8 Unzen) ganzer oder teilweise entrahmter Ricotta

1 Esslöffel Kaffee (Espresso) fein gemahlen

1 Löffel Zucker

Schokoladenstückchen

In einer mittelgroßen Schüssel Ricotta, Espresso und Zucker verquirlen, bis sie glatt sind und sich der Zucker auflöst. (Für eine cremigere Textur die Zutaten in einer Küchenmaschine pürieren.) In Parfaitgläser oder Kelche füllen und mit Schokoraspeln garnieren. Sofort servieren.

Variation:Für den Schokoladen-Ricotta den Kaffee durch 1 Esslöffel ungesüßten Kakao ersetzen.

Mascarpone und Pfirsiche

Mascarpone al Pesche

Ergibt 6 Portionen

Zart-cremige Mascarpone und Pfirsiche mit knusprigen Amaretti sehen in Parfait- oder Weingläsern wunderschön aus. Servieren Sie dieses Dessert bei einer Dinnerparty. Niemand wird erraten, wie einfach es ist.

1 Tasse (8 Unzen) Mascarpone

1 1/4 Tasse Zucker

1 Esslöffel frischer Zitronensaft

1 Tasse sehr kalte Schlagsahne

3 Pfirsiche oder Nektarinen, geschält und in kleine Stücke geschnitten

1/3 Tasse Orangenlikör, Amaretto oder Rum

8 Amaretti-Kekse, zerkleinert (ca. 1/2 Tasse)

2 Esslöffel geröstete Mandelscheiben

1. Stellen Sie mindestens 20 Minuten, bevor Sie bereit sind, das Dessert zuzubereiten, eine große Schüssel und die Rührbesen eines elektrischen Mixers in den Kühlschrank.

2. Wenn Sie fertig sind, in einer mittelgroßen Schüssel Mascarpone, Zucker und Zitronensaft verquirlen. Schüssel und Rührbesen aus dem Kühlschrank nehmen. Gießen Sie die Sahne in die gekühlte Schüssel und schlagen Sie die Sahne mit hoher Geschwindigkeit, bis sie sanft ihre Form behält, wenn die Rührbesen angehoben werden, etwa 4 Minuten. Schlagsahne mit einem Pfannenwender vorsichtig unter die Mascarpone-Mischung heben.

3. In einer mittelgroßen Schüssel die Pfirsiche und den Likör verquirlen.

4. Die Hälfte der Mascarponecreme in sechs Parfaitgläser oder Weingläser gießen. Die Pfirsiche schichten und mit den Amarettibröseln bestreuen. Mit der restlichen Sahne bedecken. Abdecken und bis zu 2 Stunden im Kühlschrank kalt stellen.

5. Vor dem Servieren mit den Mandeln bestreuen.

Schokoladenschaum mit Himbeeren

Spuma di Cioccolato al Lampone

Ergibt 8 Portionen

In Mascarpone und Schokolade gefaltete Schlagsahne ist wie Instant-Schokoladenmousse. Himbeeren sind eine süße und würzige Ergänzung.

1 Pint Himbeeren

1 bis 2 Esslöffel Zucker

2 Esslöffel Himbeer-, Kirsch- oder Orangenlikör

3 Unzen bittersüße oder halbsüße Schokolade

1 1/2 Tasse (4 Unzen) Mascarpone bei Raumtemperatur

2 Tassen kalte schwere oder Schlagsahne

Schokoraspeln zum Dekorieren

1. Stellen Sie mindestens 20 Minuten, bevor Sie bereit sind, das Dessert zuzubereiten, eine große Schüssel und die Rührbesen eines elektrischen Mixers in den Kühlschrank.

2. Wenn Sie fertig sind, mischen Sie die Himbeeren mit dem Zucker und dem Likör in einer mittelgroßen Schüssel. Beiseite legen.

3. Füllen Sie einen kleinen Topf mit einem Zoll Wasser. Bei schwacher Hitze zum Köcheln bringen. Legen Sie die Schokolade in eine Schüssel, die größer als der Rand des Topfes ist, und stellen Sie die Schüssel über das kochende Wasser. Stehen lassen, bis die Schokolade geschmolzen ist. Vom Herd nehmen und die Schokolade glatt rühren. Etwas abkühlen lassen, etwa 15 Minuten. Mit einem Gummispatel die Mascarpone unterheben.

4. Nehmen Sie die gekühlte Schüssel und die Rührbesen aus dem Kühlschrank. Gießen Sie die Sahne in die Schüssel und schlagen Sie die Sahne mit hoher Geschwindigkeit, bis sie sanft ihre Form behält, wenn die Rührbesen angehoben werden, etwa 4 Minuten lang.

5. Mit einem Spatel die Hälfte der Creme vorsichtig unter die Schokoladenmischung heben und die zweite Hälfte zum Bestreuen aufbewahren.

6. Die Hälfte der Schokoladencreme in acht Parfaitgläser füllen. Mit Himbeeren belegen. Restliche Schokoladencreme zugießen. Mit der Schlagsahne toppen. Mit den Schokoraspeln garnieren. Sofort servieren.

Tiramisu

Tiramisu

Ergibt 8 bis 10 Portionen

Niemand ist sich ganz sicher, warum dieses Dessert auf Italienisch "Pick Me Up" heißt, aber die Vermutung ist, dass der Name von dem Koffeinschub stammt, den Kaffee und Schokolade liefern. Während die klassische Version rohes Eigelb gemischt mit Mascarpone enthält, ist meine Version ohne Ei, weil ich den Geschmack von rohen Eiern nicht mag und finde, dass sie das Dessert schwerer als nötig machen.

Savoiardi (aus Italien importierte knusprige Kekse) sind weit verbreitet, aber Kekskekse oder einfache Keksscheiben können ersetzt werden. Falls gewünscht, fügen Sie dem Kaffee ein paar Esslöffel Rum oder Cognac hinzu.

1 Tasse kalte Sahne oder Schlagsahne

1 Pfund Mascarpone

⅓ Tasse Zucker

24 Savoiardi (importierte italienische Kekse)

1 Tasse Espressokaffee bei Zimmertemperatur zubereitet

2 Esslöffel ungesüßtes Kakaopulver

1. Stellen Sie mindestens 20 Minuten, bevor Sie bereit sind, das Dessert zuzubereiten, eine große Schüssel und die Rührbesen eines elektrischen Mixers in den Kühlschrank.

2. Wenn Sie fertig sind, nehmen Sie die Schüssel und die Mixer aus dem Kühlschrank. Gießen Sie die Sahne in die Schüssel und schlagen Sie die Sahne mit hoher Geschwindigkeit, bis sie sanft ihre Form behält, wenn die Rührbesen angehoben werden, etwa 4 Minuten lang.

3. Mascarpone und Zucker in einer großen Schüssel glatt rühren. Nehmen Sie etwa ein Drittel der Schlagsahne und heben Sie sie mit einem flexiblen Spatel vorsichtig unter die Mascarpone-Mischung, um sie aufzuhellen. Die restliche Creme vorsichtig einarbeiten.

4. Tauchen Sie die Hälfte des Savoiardi leicht und schnell in den Kaffee. (Sättigen Sie sie nicht, sonst fallen sie auseinander.) Ordnen Sie Kekse in einer einzigen Schicht auf einer quadratischen oder runden Servierplatte von 9 × 2 Zoll an. Die Hälfte der Mascarponecreme angießen.

5. Den restlichen Savoiardi in den Kaffee tunken und über die Mascarpone schichten. Mit dem Rest der Mascarpone-Mischung bedecken und mit dem Spatel vorsichtig verteilen. Den Kakao in ein feinmaschiges Sieb geben und über dem Dessert schütteln. Mit Folie oder Plastikfolie abdecken und 3-4 Stunden oder über Nacht im Kühlschrank aufbewahren, damit sich die Aromen vermischen können. Im Kühlschrank hält es sich gut bis zu 24 Stunden.

Erdbeer Tiramisu

Tiramisu alle Fragole

Ergibt 8 Portionen

Hier ist eine Erdbeerversion von Tiramisu, die ich in einem italienischen Kochmagazin gefunden habe. Ich mag es sogar noch lieber als die Kaffee-Variante, bevorzuge aber fruchtbasierte Desserts aller Art.

Maraschino ist ein klarer, leicht bitterer italienischer Kirschlikör, benannt nach der Sorte Marasche-Kirschen. Maraschino ist hier erhältlich, aber Sie können einen anderen Fruchtlikör ersetzen, wenn Sie dies bevorzugen.

3 Pints Erdbeeren, gewaschen und geschält

1 1/2 Tasse Orangensaft

1/4 Tasse Maraschino, Crème di Cassis oder Orangenlikör

1 1/4 Tasse Zucker

1 Tasse kalte Sahne oder Schlagsahne

8 Unzen Mascarpone

24 Savoiardi (italienische Löffelbiskuits)

1. Reservieren Sie 2 Tassen der schönsten Erdbeeren zum Dekorieren. Den Rest hacken. In einer großen Schüssel die Erdbeeren mit Orangensaft, Likör und Zucker vermischen. 1 Stunde bei Zimmertemperatur stehen lassen.

2. Stellen Sie in der Zwischenzeit eine große Schüssel und die Rührbesen eines elektrischen Mixers in den Kühlschrank. Wenn Sie fertig sind, nehmen Sie die Schüssel und die Mixer aus dem Kühlschrank. Gießen Sie die Sahne in die Schüssel und schlagen Sie die Sahne mit hoher Geschwindigkeit, bis sie sanft ihre Form behält, wenn die Rührbesen angehoben werden, etwa 4 Minuten lang. Mascarpone mit einem flexiblen Pfannenwender vorsichtig unterheben.

3. Legen Sie Cupcakes auf eine quadratische oder runde Servierplatte von 9 × 2 Zoll. Gießen Sie die Hälfte der Erdbeeren und ihren Saft hinein. Die Hälfte der Mascarponecreme auf den Beeren verteilen.

4. Wiederholen Sie dies mit einer zweiten Schicht Biskuitkuchen, Erdbeeren und Sahne und verteilen Sie die Sahne vorsichtig mit einem Spachtel. Abdecken und 3 bis 4 Stunden oder über Nacht kühl stellen, damit sich die Aromen vermischen können.

5. Restliche Erdbeeren kurz vor dem Servieren in Scheiben schneiden und in Reihen darauf anrichten.

italienische Kleinigkeit

Englisch Zuppa

Ergibt 10 bis 12 Portionen

„Englische Suppe" ist der skurrile Name dieses köstlichen Desserts. Es wird angenommen, dass italienische Köche die Idee von der englischen Kleinigkeit entlehnt und italienische Akzente hinzugefügt haben.

1Vin Santo Ringeoder 1 (12 Unzen) im Laden gekaufter Pfundkuchen, in Scheiben geschnitten 1/4 Zoll dick

½ Tasse Sauerkirsch- oder Himbeermarmelade

¹1/2 Tasse dunkler Rum oder Orangenlikör

Jeweils 21/2 TassenSchokoladen- und Vanillegebäckcreme

1 Tasse schwere oder Schlagsahne

frische Himbeeren, zum Dekorieren

Schokoraspeln zum Dekorieren

1. Bereiten Sie die Kuchen- und Gebäckcremes vor, falls erforderlich. Dann in einer kleinen Schüssel Marmelade und Rum vermischen.

2. Gießen Sie die Hälfte des Vanillepuddings auf den Boden einer 3-Liter-Servierschüssel. 1/4 der Kuchenstücke darauf legen und mit 1/4 der Marmeladenmischung bestreichen. Die Hälfte der Schokoladencreme darauf geben.

3. Machen Sie eine weitere 1/4 Schicht aus der Mischung aus Kuchen und Marmelade. Wiederholen Sie dies mit der restlichen Vanillecreme, 1/4 der restlichen Kuchen- und Marmeladenmischung, Schokoladencreme und dem Rest der Kuchen- und Marmeladenmischung. Mit Plastikfolie fest abdecken und mindestens 3 Stunden und bis zu 24 Stunden im Kühlschrank aufbewahren.

4. Mindestens 20 Minuten vor dem Servieren eine große Schüssel und die Rührbesen eines Elektromixers in den Kühlschrank stellen. Unmittelbar vor dem Servieren Schüssel und Rührbesen aus dem Kühlschrank nehmen. Gießen Sie die Sahne in die Schüssel und schlagen Sie sie mit hoher Geschwindigkeit, bis sie ihre Form glatt beibehält, wenn die Rührer angehoben werden, etwa 4 Minuten lang.

5. Gießen Sie die Sahne auf die Kleinigkeit. Mit Himbeeren und Schokoraspeln garnieren.

sabayon

Ergibt 2 Portionen

In Italien ist Zabaglione (ausgesprochen tsah-bahl-yo-neh; das g ist stumm) ein süßes und cremiges Dessert auf Eibasis, das oft als Tonikum serviert wird, um die Kraft von jemandem zu stärken, der an einer Erkältung oder einer anderen Krankheit leidet. Mit oder ohne Krankheit ist es ein köstliches Dessert für sich oder als Dip für Obst oder Kuchen.

Zabaglione muss geschluckt werden, sobald es zubereitet ist, oder Sie können abstürzen. Um Zabaglione im Voraus zuzubereiten, siehe das Rezept fürkalte Zabaione.

3 große Eigelb

3 Löffel Zucker

3 Esslöffel Marsala oder trockener oder süßer Vin Santo

1. Bringen Sie in der unteren Hälfte eines Wasserbads oder eines mittelgroßen Topfes etwa 2 Zoll Wasser zum Köcheln.

2. In der oberen Hälfte des Wasserbads oder in einer hitzebeständigen Schüssel, die bequem über den Topf passt, Eigelb und Zucker mit einem elektrischen Handmixer bei

mittlerer Geschwindigkeit etwa 2 Minuten lang glatt schlagen. Fügen Sie den Marsala hinzu. Legen Sie die Mischung über das kochende Wasser. (Lassen Sie das Wasser nicht kochen, sonst schlagen die Eier.)

3. Während Sie über dem kochenden Wasser erhitzen, schlagen Sie die Eimischung weiter, bis sie blassgelb und sehr locker ist und eine glatte Form behält, wenn sie von den Rührbesen fallen gelassen wird, 3 bis 5 Minuten lang.

4. In hohe Gläser füllen und sofort servieren.

Schokoladen-Zabaillone

Zabaione al Cioccolato

Ergibt 4 Portionen

Diese Variation von Zabaglione ist wie eine reichhaltige Schokoladenmousse. Warm mit kalter Schlagsahne servieren.

3 Unzen bittersüße oder halbsüße Schokolade, gehackt

1/4 Tasse Sahne

4 große Eigelb

1/4 Tasse Zucker

2 EL Rum oder Amarettolikör

1. Bringen Sie in der unteren Hälfte eines Wasserbads oder eines mittelgroßen Topfes etwa 2 Zoll Wasser zum Köcheln. Kombinieren Sie Schokolade und Sahne in einer kleinen hitzebeständigen Schüssel, die über dem kochenden Wasser steht. Stehen lassen, bis die Schokolade geschmolzen ist. Mit einem flexiblen Spatel glatt rühren. Vom Feuer entfernen.

2. In der Oberseite des Wasserbads oder einer anderen hitzebeständigen Schüssel, die über den Topf passt, Eigelb und Zucker mit einem elektrischen Handmixer etwa 2 Minuten lang glatt schlagen. Fügen Sie den Rum hinzu. Legen Sie die Mischung über das kochende Wasser. (Lassen Sie das Wasser nicht kochen, sonst schlagen die Eier.)

3. Schlagen Sie die Eigelbmischung 3 bis 5 Minuten lang, bis sie blass und locker ist und eine glatte Form behält, wenn sie von den Rührern fallen gelassen wird. Vom Feuer entfernen.

4. Mit einem Gummispatel die Schokoladenmischung vorsichtig unterheben. Sofort servieren.

Kalte Zabaglione mit roten Beeren

Zabaglione Freddo mit Frutti di Bosco

Ergibt 6 Portionen

Wenn Sie Zabaglione nicht erst kurz vor dem Servieren zubereiten möchten, ist diese kalte Variante eine gute Alternative. Die Zabaglione wird in einem Eiswasserbad gekühlt und dann in Schlagsahne gefaltet. Dies kann bis zu 24 Stunden im Voraus erfolgen. Ich serviere ihn gerne zu frischen Beeren oder reifen Feigen.

1 Rezept (ca. 1 1/2 Tassen) sabayon

³1/4 Tasse kalte schwere oder Schlagsahne

2 Esslöffel Puderzucker

1 EL Orangenlikör

1 1/2 Tassen Blaubeeren, Himbeeren oder eine Kombination davon, gespült und getrocknet

1. Mindestens 20 Minuten, bevor Sie bereit sind, die Zabaglione zuzubereiten, stellen Sie eine große Schüssel und die Rührbesen

eines elektrischen Mixers in den Kühlschrank. Füllen Sie einen weiteren großen Behälter mit Eis und Wasser.

2. Bereiten Sie die Zabaglione gemäß Schritt 3 zu. Sobald die Zabaglione fertig ist, nehmen Sie sie aus dem kochenden Wasser und stellen Sie die Schüssel über das Eiswasser. Mit einem Schneebesen die Zabaglione ca. 3 Minuten kalt schlagen.

3. Nehmen Sie die gekühlte Schüssel und die Rührbesen aus dem Kühlschrank. Gießen Sie die Sahne in die Schüssel und schlagen Sie die Sahne mit hoher Geschwindigkeit, bis sie beginnt, eine glatte Form zu bilden, etwa 2 Minuten. Puderzucker und Orangenlikör zugeben. Schlagen Sie die Sahne, bis sie glatt ist, wenn die Schläger angehoben sind, etwa 2 weitere Minuten. Mit einem flexiblen Pfannenwender die kalte Zabaglione vorsichtig unterheben. Zugedeckt im Kühlschrank mindestens 1 Stunde bis zum Servieren kalt stellen.

4. Die Beeren auf 6 Servierteller verteilen. Mit der gekühlten Zabaglione-Creme garnieren und sofort servieren.

Zitronengelee

Zitronengelee

Ergibt 6 Portionen

Zitronensaft und -schale machen dieses Dessert leicht und erfrischend.

2 Beutel geschmacksneutrale Gelatine

1 Tasse Zucker

21/2 Tassen kaltes Wasser

2 (2-Zoll) Streifen Zitronenschale

2/3 Tasse frischer Zitronensaft

Zitronenscheiben und Minzzweige zum Garnieren

1. In einem mittelgroßen Topf Gelatine und Zucker mischen. Fügen Sie das Wasser und die Zitronenschale hinzu. Bei mittlerer Hitze unter ständigem Rühren kochen, bis sich die Gelatine vollständig aufgelöst hat, etwa 3 Minuten. (Die Mischung nicht kochen lassen.)

2. Vom Herd nehmen und den Zitronensaft hinzufügen. Gießen Sie die Mischung durch ein feinmaschiges Sieb in eine 5-Tassen-Auflaufform oder -Schüssel. Abdecken und 4 Stunden bis über Nacht kalt stellen, bis es fest ist.

3. Wenn Sie bereit zum Servieren sind, füllen Sie eine Schüssel mit warmem Wasser und tauchen Sie die Form 30 Sekunden lang in das Wasser. Führen Sie ein kleines Messer um die Seiten. Legen Sie einen Teller über die Pfanne und halten Sie sie eng beieinander und drehen Sie sie um, damit die Gelatine auf den Teller übergeht. Mit Zitronenspalten und Minzzweigen garnieren.

Orangen-Rum-Gelee

Gelatine von Arancia al Rhum

Ergibt 4 Portionen

Schlagsahne mit Rumduft ist eine schöne Beilage. Am besten funktioniert hier Blutorangensaft.

2 Beutel geschmacksneutrale Gelatine

1/2 Tasse Zucker

1/2 Tasse kaltes Wasser

3 Tassen frischer Orangensaft

2 Esslöffel dunkler Rum

Orangenscheiben zum Dekorieren

1. In einem mittelgroßen Topf Gelatine und Zucker mischen. Das Wasser hinzugeben und bei mittlerer Hitze unter ständigem Rühren etwa 3 Minuten kochen, bis sich die Gelatine vollständig aufgelöst hat. (Die Mischung nicht kochen lassen.)

2. Vom Herd nehmen und Orangensaft und Rum hinzufügen. Gießen Sie die Mischung in ein 5-Tassen-Förmchen oder eine

Schüssel. Abdecken und 4 Stunden bis über Nacht kalt stellen, bis es fest ist.

3. Wenn Sie bereit zum Servieren sind, füllen Sie eine Schüssel mit warmem Wasser und tauchen Sie die Form 30 Sekunden lang in das Wasser. Führen Sie ein kleines Messer um die Seiten. Legen Sie einen Teller über die Pfanne und halten Sie sie eng beieinander und drehen Sie sie um, damit die Gelatine auf den Teller übergeht. Mit den Orangenscheiben garnieren.

Gebratener Rosenkohl

Cavolini al Forno

Ergibt 4 bis 6 Portionen

Wenn Sie noch nie gerösteten Rosenkohl probiert haben, werden Sie überrascht sein, wie gut er schmeckt. Ich röste sie, bis sie schön golden sind. Die äußeren Blätter werden knusprig, während die inneren weich bleiben. Sie passen sehr gut zu Schweinebraten.

1 Pfund Rosenkohl

1/3 Tasse Olivenöl

Salz

3 Knoblauchzehen, in Scheiben geschnitten

1. Mit einem kleinen Messer eine dünne Scheibe von der Unterseite des Rosenkohls abschaben. Schneiden Sie sie durch den Boden in zwei Hälften.

2. Ofen auf 375 ° F vorheizen. Öl in eine Bratpfanne gießen, die groß genug ist, um die Sprossen in einer einzigen Schicht aufzunehmen. Sprossen, Salz und Knoblauch dazugeben. Gut

mischen und die Sprossen mit der Schnittseite nach unten wenden.

3. Grillen Sie die Sprossen unter einmaligem Rühren 30 bis 40 Minuten oder bis sie goldbraun und zart sind. Heiß servieren.

Rosenkohl mit Pancetta

Cavolini di Bruxelles mit Pancetta

Ergibt 4 bis 6 Portionen

Knoblauch und Pancetta würzen diese Sprossen. Ersetzen Sie den Pancetta durch Speck, um einen Hauch von Rauchgeschmack zu erhalten.

1 Pfund Rosenkohl

Nach Geschmack salzen

2 Esslöffel Olivenöl

2 dicke Speckscheiben (2 Unzen), in Streichholzstreifen geschnitten

4 große Knoblauchzehen, in dünne Scheiben geschnitten

Prise zerdrückter roter Pfeffer

1. Mit einem kleinen Messer eine dünne Scheibe von der Unterseite des Rosenkohls abschaben.

2. Einen großen Topf mit Wasser zum Kochen bringen. Fügen Sie die Sprossen und Salz nach Geschmack hinzu. Garen, bis die Sprossen fast weich sind, etwa 5 Minuten.

3. Braten Sie den Pancetta in einer großen Pfanne in dem Öl, bis er leicht gebräunt ist, etwa 5 Minuten lang. Fügen Sie den Knoblauch und die zerdrückte rote Paprika hinzu und kochen Sie, bis der Knoblauch goldbraun ist, etwa 2 weitere Minuten.

4. Den Rosenkohl, 2 Esslöffel Wasser und eine Prise Salz hinzugeben. Unter gelegentlichem Rühren kochen, bis die Sprossen weich sind und gerade anfangen zu bräunen, etwa 5 Minuten. Heiß servieren.

Goldener Kohl mit Knoblauch

Cavolo al'Aglio

Ergibt 4 Portionen

Auf diese Weise gekochter Kohl schmeckt nicht nach dem matschigen, matschigen Gemüse, das wir alle gerne hassen. Ich dachte immer, dass zu langes Kochen den Kohl ruiniert, aber in diesem Fall, wie bei dem gerösteten Rosenkohl oben, bräunt das langsame, lange Kochen den Kohl und verleiht ihm einen reichen, süßen Geschmack. Ich habe es zuerst im Manducatis probiert, einem Restaurant in Long Island City, dessen Besitzer aus Montecassino in Italien stammen.

1 mittelgroßer Kohl (ca. 1 1/2 Pfund)

3 große Knoblauchzehen, fein gehackt

gemahlener roter Pfeffer

1 1/4 Tasse Olivenöl

Salz

1. Die äußeren Blätter des Kohls abschneiden. Mit einem großen, schweren Kochmesser Kohl vierteln. Schneiden Sie den Kern. Den Kohl in kleine Stücke schneiden.

2. In einem großen Topf den Knoblauch und die rote Paprika im Olivenöl bei mittlerer Hitze etwa 2 Minuten lang kochen, bis der Knoblauch goldgelb ist.

3. Kohl und Salz zugeben. Gut umrühren. Abdecken und unter häufigem Rühren 20 Minuten kochen oder bis der Kohl leicht gebräunt und zart ist. Etwas Wasser zugeben, wenn der Kohl anfängt zusammenzukleben. Heiß servieren.

Geschredderter Kohl mit Kapern und Oliven

Cavolo al Capperi

Ergibt 4 Portionen

Oliven und Kapern garnieren den zerkleinerten Kohl. Wenn Sie keinen ganzen Kohl kaufen möchten, versuchen Sie es mit einer Tüte einfachem Krautsalat aus dem Supermarkt. Die Marke, die ich kaufe, ist eine Kombination aus Weißkohl, etwas Rotkohl und Karotten. In diesem Rezept funktioniert es perfekt.

4 Esslöffel Olivenöl

1 kleiner Kohl (ca. 1 Pfund)

Etwa 3 Esslöffel Wasser

1 bis 2 Esslöffel Weißweinessig

Salz

1/2 Tasse gehackte grüne Oliven

1 Esslöffel gehackte Kapern

1. Die äußeren Blätter des Kohls abschneiden. Mit einem großen, schweren Kochmesser Kohl vierteln. Schneiden Sie den Kern. Die Viertel quer in schmale Streifen schneiden.

2. In einem großen Topf das Öl bei mittlerer Hitze erhitzen. Kohl, Wasser, Essig und etwas Salz hinzugeben. Gut umrühren.

3. Decken Sie den Topf ab und reduzieren Sie die Hitze. Kochen, bis der Kohl fast weich ist, etwa 15 Minuten.

4. Oliven und Kapern dazugeben. Kochen, bis der Kohl sehr zart ist, etwa 5 weitere Minuten. Wenn noch viel Flüssigkeit in der Pfanne ist, decken Sie sie auf und kochen Sie sie, bis sie verdunstet ist. Heiß servieren.

Kohl mit geräuchertem Speck

Verze mit Pancetta Affumicata

Ergibt 6 Portionen

Hier ist ein weiteres traditionelles friaulisches Rezept, inspiriert von Küchenchef Gianni Cosetti. Gianni verwendet für dieses Rezept geräucherten Speck, aber Sie können stattdessen auch geräucherten Speck oder Schinken verwenden.

2 Esslöffel Olivenöl

1 mittelgroße Zwiebel gehackt

2 Unzen geräucherter Pancetta, Speck oder gehackter Schinken

1/2 mittelgroßer Kohlkopf, dünn geschnitten

Salz und frisch gemahlener schwarzer Pfeffer

1. In einem großen Topf das Öl, die Zwiebel und den Speck 10 Minuten lang oder bis sie goldbraun sind, kochen.

2. Fügen Sie Kohl und Salz und Pfeffer hinzu, um zu schmecken. Senken Sie die Hitze. Abdecken und 30 Minuten kochen lassen oder bis sie sehr weich sind. Heiß servieren.

frittierte Kardonen

Cardoni Fritti

Ergibt 6 Portionen

Hier ist ein Grundrezept für Kardonen: Sie werden gekocht, mit Semmelbröseln paniert und frittiert, bis sie knusprig sind. Sie eignen sich gut als Teil eines Antipasti-Sortiments oder als Beilage zu Lamm oder Fisch.

1 halbierte Zitrone

2 Pfund Kardonen

3 große Eier

2 Esslöffel frisch geriebener Parmigiano-Reggiano

Salz und frisch gemahlener schwarzer Pfeffer

2 Tassen Semmelbrösel

Pflanzenöl zum Braten

Zitronenscheiben

1. Presse die Zitrone in eine große Schüssel mit kaltem Wasser. Die Enden der Kardonen abschneiden und den Stiel in Rippen teilen. Mit einem Schälmesser jede Rippe häuten, um lange, zähe Fäden und Blätter zu entfernen. Schneiden Sie jede Rippe in 3-Zoll-Längen. Legen Sie die Stücke in das Zitronenwasser.

2. Einen großen Topf mit Wasser zum Kochen bringen. Kardonen abtropfen lassen und in die Pfanne geben. Kochen, bis sie weich sind, wenn sie mit einem Messer durchstochen werden, etwa 20 bis 30 Minuten. Gut abtropfen lassen und unter fließendem Wasser abkühlen. Tupfen Sie die Stücke trocken.

3. Legen Sie ein Tablett mit Papiertüchern aus. In einer flachen Schüssel die Eier mit dem Käse verquirlen, mit Salz und Pfeffer abschmecken. Die Semmelbrösel auf einem Blatt Backpapier verteilen. Die Kardonen in das Ei tunken, dann in den Semmelbröseln wälzen.

4. In einer großen, tiefen Pfanne etwa 1/2 Zoll Öl bei mittlerer Hitze erhitzen, bis ein kleiner Tropfen des Eies brutzelt und schnell kocht, wenn es in die Pfanne fällt. Fügen Sie genügend Kardonen hinzu, um in eine Schicht zu passen, ohne sich zu überfüllen. Kochen Sie die Stücke mit einer Zange, bis sie goldbraun und knusprig auf allen Seiten sind, etwa 3 bis 4 Minuten. Auf Küchenpapier abtropfen lassen. Halten Sie sie in

einem niedrigen Ofen warm, während Sie den Rest braten. Heiß mit Zitronenspalten servieren.

Kardonen mit Parmigiano-Reggiano

Cardoni alla Parmigiana

Ergibt 6 Portionen

Überbacken mit Butter und Parmesan schmecken Karden köstlich.

1 halbierte Zitrone

Ungefähr 2 Pfund Kardonen

Salz und frisch gemahlener Pfeffer

3 Esslöffel ungesalzene Butter

½ Tasse frisch geriebener Parmigiano-Reggiano

1. Kardonen wie in zubereitenfrittierte Kardonenbis Schritt 2.

2. Stellen Sie einen Rost in die Mitte des Ofens. Backofen auf 450° F vorheizen. Eine 13 × 9 × 2-Zoll-Auflaufform großzügig buttern.

3. Kardonstücke in der Pfanne anrichten. Mit Butter bestreichen und mit Salz und Pfeffer bestreuen. Den Käse darüber verteilen.

4. 10 bis 15 Minuten backen oder bis der Käse leicht geschmolzen ist. Heiß servieren.

Creme Disteln

Cardoni alla Panna

Ergibt 6 Portionen

Diese Kardonen werden in einer Pfanne mit etwas Sahne gekocht. Parmigiano-Reggiano sorgt für den letzten Schliff.

1 halbierte Zitrone

Ungefähr 2 Pfund Kardonen

2 Esslöffel ungesalzene Butter

Salz und frisch gemahlener schwarzer Pfeffer

1 1/2 Tasse Sahne

1/2 Tasse frisch geriebener Parmigiano-Reggiano

1. Kardonen wie in zubereitenfrittierte Kardonenbis Schritt 2.

2. In einer großen Pfanne die Butter bei mittlerer Hitze schmelzen. Fügen Sie die Kardonen und Salz und Pfeffer hinzu, um zu schmecken. Rühren, bis es mit der Butter überzogen ist, etwa 1 Minute.

3. Die Sahne zugeben und zum Köcheln bringen. Kochen, bis die Creme leicht eingedickt ist, etwa 1 Minute. Mit Käse bestreuen und heiß servieren.

Karotten und Rüben mit Marsala

Mischung aus Seeteufel und Carote

Ergibt 4 Portionen

Der süße, nussig aromatisierte Marsala verstärkt den Geschmack von Wurzelgemüse wie Karotten und Rüben.

4 mittelgroße Karotten

2 mittelgroße Rüben oder 1 große Kohlrabi

2 Esslöffel ungesalzene Butter

Salz

1 1/4 Tasse trockener Marsala

1 Esslöffel gehackte frische Petersilie

1. Karotten und Rüben schälen und in 1 cm große Stücke schneiden.

2. In einer großen Pfanne die Butter bei mittlerer Hitze schmelzen. Fügen Sie das Gemüse und Salz hinzu, um zu schmecken. 5 Minuten köcheln lassen, gelegentlich umrühren.

3. Fügen Sie den Marsala hinzu. Abdecken und weitere 5 Minuten kochen oder bis der Wein verdunstet und das Gemüse weich ist. Mit Petersilie bestreuen und sofort servieren.

Gebratene Karotten mit Knoblauch und Oliven

Carote al Forno

Ergibt 4 Portionen

Die Karotten, Knoblauch und Oliven sind eine überraschend gute Kombination, wobei die Salzigkeit der Oliven die Süße der Karotten ausspielt. Ich hatte sie in Ligurien, nahe der Grenze zu Frankreich.

8 mittelgroße Karotten, geschält und diagonal in 1/2 Zoll dicke Scheiben geschnitten

2 Esslöffel Olivenöl

3 Knoblauchzehen, in Scheiben geschnitten

Salz und frisch gemahlener schwarzer Pfeffer

1/2 Tasse entsteinte importierte milde schwarze Oliven wie Gaeta

1. Stellen Sie einen Rost in die Mitte des Ofens. Backofen auf 425 ° F vorheizen. Auf einem großen Backblech die Karotten mit Öl, Knoblauch und Salz und Pfeffer nach Geschmack mischen.

2. 15 Minuten braten. Die Oliven hinzufügen und kochen, bis die Karotten weich sind, ca. 5 weitere Minuten, heiß servieren.

Karotten in Sahne

Carote alla Panna

Ergibt 4 Portionen

Karotten werden so oft roh gegessen, dass wir vergessen, wie gut sie gekocht sein können. In diesem Rezept ergänzt Schlagsahne seinen süßen Geschmack.

8 mittelgroße Karotten

2 Esslöffel ungesalzene Butter

Salz

1/2 Tasse Sahne

Prise geriebene Muskatnuss

1. Möhren schälen. Schneiden Sie sie in 1/4 Zoll dicke Scheiben.

2. In einem mittelgroßen Topf bei mittlerer Hitze die Butter schmelzen. Fügen Sie die Karotten und Salz hinzu, um zu schmecken. Abdecken und unter gelegentlichem Rühren kochen, bis die Karotten weich sind, etwa 5 Minuten.

3. Sahne und Muskat zugeben. Koche, bis die Sahne eindickt und die Karotten weich sind, weitere 4 bis 5 Minuten. Sofort servieren.

süß-saure Karotten

Carote in Agrodolce

Ergibt 4 Portionen

Ich serviere diese Karotten gerne zu Schweinebraten oder Hühnchen. Wenn Sie etwas Petersilie, Minze oder Basilikum zur Hand haben, hacken Sie das Kraut und mischen Sie es kurz vor dem Servieren mit den Karotten.

8 mittelgroße Karotten

1 Esslöffel ungesalzene Butter

3 Esslöffel Weißweinessig

2 Esslöffel Zucker

Salz

1. Möhren schälen. Schneiden Sie sie in 1/4 Zoll dicke Scheiben.

2. In einem mittelgroßen Topf die Butter bei mittlerer Hitze schmelzen. Essig und Zucker hinzufügen und rühren, bis sich der Zucker aufgelöst hat. Fügen Sie die Karotten und Salz hinzu, um zu schmecken. Decken Sie den Topf ab und kochen Sie, bis die Karotten weich sind, etwa 5 Minuten.

3. Decken Sie die Pfanne ab und kochen Sie die Karotten unter häufigem Rühren, bis sie weich sind, etwa 5 weitere Minuten. Ich würze gerne. Heiß oder bei Zimmertemperatur servieren.

Marinierte Auberginen mit Knoblauch und Minze

Melanzane marinieren

Ergibt 4 bis 6 Portionen

Dies ist großartig als Beilage zu gegrilltem Hähnchen oder als Teil eines Antipasti-Sortiments. Auch Zucchini und Karotten lassen sich so zubereiten.

2 mittelgroße Auberginen (jeweils etwa 1 Pfund)

Salz

Olivenöl

3 Esslöffel Rotweinessig

2 Knoblauchzehen fein gehackt

1/4 Tasse gehackte frische Minze

frisch gemahlener schwarzer Pfeffer

1. Schneiden Sie die Ober- und Unterseite der Auberginen ab. Auberginen quer in 1/2 Zoll dicke Scheiben schneiden. Legen Sie die Scheiben in ein Sieb und bestreuen Sie jede Schicht mit Salz. Legen Sie die Auberginen auf einen Teller, um sie mindestens 30

Minuten lang abtropfen zu lassen. Spülen Sie das Salz unter kaltem Wasser ab und tupfen Sie die Scheiben mit Küchenpapier trocken.

2. Ofen auf 450 ° F vorheizen. Die Auberginenscheiben mit dem Öl bestreichen und sie mit der geölten Seite nach unten in einer einzigen Schicht auf Backbleche legen. Bürsten Sie die Spitzen mit Öl. Die Scheiben 10 Minuten backen. Wenden und backen, bis sie goldbraun und zart sind, etwa 10 weitere Minuten.

3. In einem flachen Plastikbehälter mit dicht schließendem Deckel die Auberginenscheiben leicht überlappend schichten. Mit Essig, Knoblauch, Minze und Pfeffer bestreuen. Schichten wiederholen, bis alle Zutaten verbraucht sind.

4. Abdecken und vor dem Servieren mindestens 24 Stunden kühl stellen. Diese halten sich gut mehrere Tage.

Gegrillte Auberginen mit frischer Tomatensauce

Melanzane alla Griglia mit Sauce

Ergibt 4 Portionen

Hier werden Auberginenscheiben gegrillt und dann mit einer frischen Tomatensauce überzogen. Mit Burgern, Steaks oder Koteletts servieren. Ich habe Auberginen auf diese Weise in den Abruzzen zubereiten lassen, wo oft frische grüne Chilis verwendet werden. Ersetzen Sie nach Belieben durch zerdrückte rote Paprika aus einem Glas.

1 mittelgroße Aubergine (ca. 1 Pfund)

Salz

3 Esslöffel Olivenöl

1 reife mittelgroße Tomate

2 Esslöffel gehackte frische Petersilie

1 Esslöffel fein gehackte frische Chili (oder nach Geschmack)

1 Teelöffel frischer Zitronensaft

1. Schneiden Sie die Ober- und Unterseite der Auberginen ab. Aubergine quer in 1/2 Zoll dicke Scheiben schneiden. Legen Sie die Scheiben in ein Sieb und bestreuen Sie jede Schicht mit Salz. Legen Sie die Auberginen auf einen Teller, um sie mindestens 30 Minuten lang abtropfen zu lassen. Spülen Sie das Salz unter kaltem Wasser ab und tupfen Sie die Scheiben mit Küchenpapier trocken.

2. Stellen Sie einen Grill oder Grill etwa 5 Zoll von der Wärmequelle entfernt auf. Grill oder Grill vorheizen. Die Auberginenscheiben auf einer Seite mit Olivenöl bepinseln und mit der geölten Seite zur Wärmequelle legen. Kochen, bis sie leicht golden sind, etwa 5 Minuten. Die Scheiben wenden und mit Öl bepinseln. Kochen, bis sie goldbraun und weich sind, etwa 4 Minuten.

3. Die Scheiben auf einer Platte anrichten und leicht überlappen.

4. Tomaten halbieren und Kerne und Saft auspressen. Die Tomate hacken. In einer mittelgroßen Schüssel die Tomate mit Petersilie, Chili, Zitronensaft und Salz nach Geschmack mischen. Die Tomatenmischung über die Aubergine gießen. Bei Zimmertemperatur servieren.

Auberginen-Mozzarella-Sandwiches

Panini mit Mozzarella

Ergibt 6 Portionen

Manchmal füge ich diesen "Sandwiches" eine gefaltete Scheibe Prosciutto hinzu und serviere sie als Antipasti. Gießen Sie etwas von der Tomatensauce darüber, wenn Sie welche haben, und bestreuen Sie sie nach Belieben mit geriebenem Parmigiano.

2 mittelgroße Auberginen (jeweils etwa 1 Pfund)

Salz

Olivenöl

frisch gemahlener schwarzer Pfeffer

1 EL gehackter frischer Thymian oder glatte Petersilie

8 Unzen frischer Mozzarella, in dünne Scheiben geschnitten

1. Schneiden Sie die Ober- und Unterseite der Auberginen ab. Entfernen Sie mit einem rotierenden Klingenschäler der Länge nach Hautstreifen in Abständen von etwa 1 Zoll. Schneiden Sie die Auberginen quer in eine gerade Anzahl von 1/2 Zoll dicken Scheiben. Legen Sie die Scheiben in ein Sieb und bestreuen Sie

jede Schicht mit Salz. Stellen Sie das Sieb auf einen Teller, um es mindestens 30 Minuten lang abtropfen zu lassen. Spülen Sie das Salz unter kaltem Wasser ab und tupfen Sie die Scheiben mit Küchenpapier trocken.

2. Backofen auf 450 ° F vorheizen. Auberginenscheiben mit Olivenöl bestreichen und mit der geölten Seite nach unten in einer einzigen Schicht auf Backbleche legen. Bürsten Sie die Oberseite mit zusätzlichem Öl. Mit Pfeffer und Kräutern bestreuen. 10 Minuten backen. Drehen Sie die Scheiben um und backen Sie weitere 10 Minuten oder bis sie leicht gebräunt und zart sind.

3. Die Auberginen aus dem Ofen nehmen, aber den Ofen anlassen.

4. Obere Hälfte der Auberginenscheiben mit Mozzarella belegen. Die restlichen Auberginenscheiben darauf anrichten. Stellen Sie die Pfannen für 1 Minute oder bis der Käse zu schmelzen beginnt, in den Ofen. Heiß servieren.

Aubergine mit Knoblauch und Kräutern

Melanzane al Forno

Ergibt 6 bis 8 Portionen

Ich verwende gerne lange, dünne japanische Auberginen, wenn ich sie in den Sommermonaten auf meinem Bauernmarkt sehe. Sie eignen sich hervorragend für Sommergerichte, die einfach mit Knoblauch und Kräutern geröstet werden.

3 Esslöffel Olivenöl

8 kleine japanische Auberginen (alle etwa gleich groß)

1 Knoblauchzehe, sehr fein gehackt

2 Esslöffel gehackter frischer Basilikum

Salz und frisch gemahlener schwarzer Pfeffer

1. Stellen Sie einen Rost in die Mitte des Ofens. Backofen auf 400 ° F vorheizen. Ein großes Backblech einfetten.

2. Die Stielenden der Auberginen abschneiden und der Länge nach halbieren. Machen Sie mehrere flache Schlitze in den

Schnittflächen. Die Auberginen mit der Schnittfläche nach oben auf das Backblech legen.

3. In einer kleinen Schüssel Öl, Knoblauch, Basilikum sowie Salz und Pfeffer nach Geschmack verquirlen. Die Mischung auf den Auberginen verteilen und etwas durch die Rillen drücken.

4. 25 bis 30 Minuten backen oder bis die Auberginen weich sind. Heiß oder bei Zimmertemperatur servieren.

Auberginensticks nach neapolitanischer Art mit Tomaten

Bastoncini von Melanzane

Ergibt 4 Portionen

Im Restaurant Dante and Beatrice in Naples beginnen die Mahlzeiten mit einer Reihe kleiner Vorspeisen. Kleine Auberginensticks in frischer Tomaten-Basilikum-Sauce gehören zu den Gerichten, die mein Mann und ich dort genießen. Japanische Auberginen sind weicher als die große Kugelsorte, aber jede Art kann für dieses Rezept verwendet werden.

6 kleine japanische Auberginen (ca. 1 1/2 Pfund)

Pflanzenöl zum Braten

Salz

2 Knoblauchzehen, geschält und leicht zerdrückt

Prise zerdrückter roter Pfeffer

3 Esslöffel Olivenöl

4 Eiertomaten, geschält, entkernt und gehackt

¼ Tasse Basilikumblätter, gestapelt und in dünne Streifen geschnitten

1. Ober- und Unterseite der Auberginen abschneiden und der Länge nach in 6 Spalten schneiden. Quer in 3 Stücke schneiden. Trockne die Stücke mit Papiertüchern.

2. Legen Sie ein Tablett mit Papiertüchern aus. Gießen Sie etwa 1/2 Zoll Öl in eine mittelgroße Pfanne. Bei mittlerer Hitze erhitzen, bis ein kleines Stück Aubergine brutzelt, wenn es in die Pfanne gegeben wird. Fügen Sie vorsichtig so viele Auberginen hinzu, wie bequem in einer einzigen Schicht in die Pfanne passen. Unter gelegentlichem Rühren etwa 5 Minuten braten, bis sie an den Rändern leicht gebräunt sind. Die Auberginen mit einer Schaumkelle oder Schaumkelle herausnehmen und auf Küchenpapier abtropfen lassen. Mit der restlichen Aubergine wiederholen. Mit Salz bestreuen.

3. In einer großen Pfanne den Knoblauch mit der roten Paprika im Olivenöl kochen, bis der Knoblauch goldbraun ist, etwa 4 Minuten lang. Den Knoblauch entfernen und wegwerfen. Fügen Sie die Tomaten hinzu und kochen Sie 5 Minuten oder bis sie eingedickt sind.

4.Auberginen und Basilikum dazugeben und weitere 2 Minuten garen. Mit Salz abschmecken. Heiß oder bei Zimmertemperatur servieren

Mit Prosciutto und Käse gefüllte Auberginen

Melanzane Ripiene

Ergibt 6 Portionen

Cousins, Onkel und Tanten kamen aus der ganzen Region, als mein Mann Charles und ich zum ersten Mal seine Verwandten besuchten, die in der Nähe des berühmten Tals der Tempel in Agrigent auf Sizilien leben. Jede Familieneinheit wollte, dass wir ihr Haus besuchen, essen und die Nacht verbringen. Wir wollten Zeit mit allen verbringen, aber wir wollten auch einige der lokalen historischen Stätten sehen, von denen wir schon immer so viel gehört hatten, und wir hatten nur ein paar Tage Zeit. Glücklicherweise übernahm die Cousine meines Mannes Angela und sorgte dafür, dass wir gut versorgt wurden. Als ich ihm sagte, dass ich mich für die lokale Küche interessiere, brachte er mir bei, wie man dieses köstliche Auberginengericht zubereitet.

6 kleine Auberginen (ca. 1 1/2 Pfund)

Salz

1/4 Tasse Olivenöl

1 mittelgroße Zwiebel gehackt

1 mittelgroße Tomate

2 geschlagene Eier

½ Tasse geriebener Caciocavallo, Provolone oder Parmigiano-Reggiano

1/4 Tasse fein gehackter frischer Basilikum

2 Unzen importierter italienischer Prosciutto, fein gehackt

½ Tasse plus 1 Esslöffel Paniermehl

Salz und frisch gemahlener schwarzer Pfeffer

1. Die Auberginen von der Spitze befreien und der Länge nach halbieren. Mit einem kleinen scharfen Messer und einem Löffel das Fruchtfleisch der Auberginen aushöhlen und die Haut etwa 1/4 Zoll dick lassen. Das Fruchtfleisch der Aubergine hacken.

2. Legen Sie die gehackte Aubergine in ein Sieb. Großzügig mit Salz bestreuen und auf einem Teller mindestens 30 Minuten abtropfen lassen. Die Auberginenschalen mit Salz bestreuen und mit der Schnittfläche nach unten zum Abtropfen auf einen Teller legen.

3. Spüle das Salz unter kaltem Wasser ab und tupfe die Aubergine mit Küchenpapier trocken. Drücken Sie das Fruchtfleisch aus, um das Wasser zu extrahieren.

4. In einer mittelgroßen Pfanne das Öl bei mittlerer Hitze erhitzen. Fügen Sie die Zwiebel und die gehackte Aubergine hinzu und kochen Sie sie unter häufigem Rühren etwa 15 Minuten lang, bis sie gerade weich sind. Gießen Sie die Mischung in eine Schüssel.

5. Tomaten halbieren und Kerne und Saft auspressen. Die Tomate hacken und in die Schüssel geben. Fügen Sie Eier, Käse, Basilikum, Prosciutto, 1/2 Tasse Semmelbrösel und Salz und Pfeffer nach Geschmack hinzu. Gut mischen.

6. Stellen Sie einen Rost in die Mitte des Ofens. Ofen vorheizen auf 400 ° F. Fetten Sie ein Backblech ein, das groß genug ist, um die Auberginenschalen in einer einzigen Schicht aufzunehmen.

7. Füllen Sie die Schalen mit der Auberginenmischung und runden Sie die Oberfläche ab. Legen Sie sie in die Pfanne. Mit 1 EL Semmelbröseln bestreuen. Gießen Sie 1/4 Tasse Wasser um die Auberginen herum. 45 bis 50 Minuten backen oder bis die Muscheln weich sind, wenn sie durchstochen werden. Heiß oder bei Zimmertemperatur servieren.

Auberginen gefüllt mit Sardellen, Kapern und Oliven

Melanzane Ripiene

Ergibt 4 Portionen

Der sizilianischen Art, Auberginen zuzubereiten, scheinen keine Grenzen gesetzt zu sein. Dieser kombiniert die klassischen Aromen von Sardellen, Oliven und Kapern.

2 mittelgroße Auberginen (jeweils etwa 1 Pfund)

Salz

¼ Tasse plus 1 Esslöffel Olivenöl

1 große Knoblauchzehe, fein gehackt

2 mittelgroße Tomaten, geschält, entkernt und gehackt

6 Sardellenfilets

½ Tasse gehackte Gaeta oder andere weiche schwarze Oliven

2 Esslöffel Kapern, gespült und abgetropft

1 1/2 Teelöffel getrockneter Oregano

⅓ Tasse trockene Semmelbrösel

1. Schneiden Sie die Spitzen der Auberginen ab. Auberginen längs halbieren. Mit einem kleinen scharfen Messer und einem Löffel das Fruchtfleisch der Aubergine aushöhlen und eine etwa 1,25 cm dicke Schale zurücklassen. Das Fruchtfleisch grob hacken und in ein Sieb geben. Großzügig mit Salz bestreuen und zum Abtropfen auf einen Teller geben. Die Innenseite der Auberginenschalen mit Salz bestreuen und sie verkehrt herum auf Küchenpapier legen. 30 Minuten abtropfen lassen.

2. Spüle das Salz unter kaltem Wasser ab und tupfe die Aubergine mit Küchenpapier trocken. Drücken Sie das Fruchtfleisch aus, um das Wasser zu extrahieren.

3. Öl in einer großen Pfanne bei mittlerer Hitze erhitzen, bis ein kleines Stück Aubergine brutzelt, wenn es in die Pfanne gegeben wird. Fügen Sie das Auberginenmark hinzu und kochen Sie es unter häufigem Rühren 15 bis 20 Minuten lang, bis es gerade anfängt zu bräunen. Fügen Sie den Knoblauch hinzu und kochen Sie 1 Minute. Fügen Sie die Tomaten, Sardellen, Oliven, Kapern, Oregano und Salz und Pfeffer nach Geschmack hinzu. Kochen Sie, bis es eingedickt ist, etwa 5 weitere Minuten.

4. Stellen Sie einen Rost in die Mitte des Ofens. Ofen vorheizen auf 400 ° F. Fetten Sie ein Backblech ein, das groß genug ist, um die Auberginenschalen in einer einzigen Schicht aufzunehmen.

5. Die Schalen mit der Auberginenmischung füllen. Legen Sie sie in die Pfanne. Die Semmelbrösel mit dem restlichen Öl mischen und über die Muscheln streuen. 45 Minuten backen oder bis die Muscheln weich sind, wenn sie durchstochen werden. Etwas abkühlen lassen. Warm oder bei Zimmertemperatur servieren.

Aubergine mit Essig und Kräutern

Melanzane alle Erbe

Ergibt 6 bis 8 Portionen

Planen Sie dies mindestens eine Stunde vor dem Servieren ein. Wenn du ihn einwirken lässt, kann der Essig weich werden. Ich serviere dazu gerne gegrillten Thunfisch oder Schwertfisch im Rahmen eines sommerlichen Barbecues.

2 mittelgroße Auberginen (jeweils etwa 1 Pfund), in 1-Zoll-Stücke schneiden

Salz

1/2 Tasse Olivenöl

1/2 Tasse Rotweinessig

1/4 Tasse Zucker

2 Esslöffel gehackte frische Petersilie

2 Esslöffel gehackte frische Minze

1. Schneiden Sie die Ober- und Unterseite der Auberginen ab. Schneiden Sie die Auberginen in 1-Zoll-Stücke. Legen Sie die Stücke in ein Sieb und bestreuen Sie jede Schicht mit Salz.

Stellen Sie das Sieb auf einen Teller, um es mindestens 30 Minuten lang abtropfen zu lassen. Spüle das Salz unter kaltem Wasser ab und tupfe die Stücke mit Küchenpapier trocken.

2.Legen Sie ein Tablett mit Papiertüchern aus. 1/4 Tasse Öl in einer großen Pfanne bei mittlerer Hitze erhitzen. Die Hälfte der Auberginenstücke dazugeben und unter häufigem Rühren ca. 15 Minuten goldbraun braten. Mit einem Schaumlöffel die Auberginen zum Abtropfen auf die Papiertücher geben. Das restliche Öl in die Pfanne geben und die restlichen Auberginen auf die gleiche Weise anbraten.

3.Die Pfanne vom Herd nehmen und das restliche Öl vorsichtig hineingießen. Wischen Sie die Pfanne vorsichtig mit Küchenpapier aus.

4.Stellen Sie die Pfanne auf mittlere Hitze und fügen Sie Essig und Zucker hinzu. Rühren, bis sich der Zucker auflöst. Die Auberginen wieder in die Pfanne geben und unter Rühren etwa 5 Minuten kochen, bis die Flüssigkeit aufgesogen ist.

5.Die Auberginen auf eine Servierplatte geben und mit Petersilie und Minze bestreuen. Abkühlen lassen. Bei Zimmertemperatur servieren.

Gebratene Auberginenkoteletts

Melanzane Fritte

Ergibt 4 bis 6 Portionen

Die einzige Schwierigkeit bei diesen Koteletts besteht darin, dass es schwierig ist, mit dem Essen aufzuhören. Sie sind so gut, wenn sie heiß und frisch zubereitet sind. Servieren Sie sie auf Sandwiches oder als Beilage.

1 mittelgroße Aubergine (ca. 1 Pfund)

Salz

2 große Eier

¼ Tasse frisch geriebener Parmigiano-Reggiano

frisch gemahlener schwarzer Pfeffer

1/2 Tasse Allzweckmehl

1 1/2 Tassen trockene Semmelbrösel

Pflanzenöl zum Braten

1. Schneiden Sie die Ober- und Unterseite der Auberginen ab. Aubergine quer in 1/4 Zoll dicke Scheiben schneiden. Legen Sie die Scheiben in ein Sieb und bestreuen Sie jede Schicht mit Salz. Stellen Sie das Sieb auf einen Teller, um es mindestens 30 Minuten lang abtropfen zu lassen. Spülen Sie das Salz unter kaltem Wasser ab und tupfen Sie die Scheiben mit Küchenpapier trocken.

2. Das Mehl in eine flache Schüssel geben. In einer anderen flachen Schüssel die Eier, den Käse und Salz und Pfeffer nach Geschmack schlagen. Tauchen Sie die Auberginenscheiben in das Mehl, dann in die Eimischung, dann in die Semmelbrösel und klopfen Sie sie gut durch. Die Scheiben 15 Minuten auf einem Gitter trocknen lassen.

3. Legen Sie ein Tablett mit Papiertüchern aus. Backofen auf Minimum stellen. In einer großen, schweren Pfanne 1/2 Zoll Öl erhitzen, bis ein kleiner Tropfen der Eimischung brutzelt, wenn er auf das Öl trifft. Fügen Sie genug Auberginenscheiben hinzu, um in eine einzelne Schicht zu passen, ohne sich zu verdrängen. Auf einer Seite etwa 3 Minuten goldbraun braten, dann wenden und auf der anderen Seite weitere 2 bis 3 Minuten bräunen. Auberginenscheiben auf Küchenpapier abtropfen lassen. Halten

Sie sie in einem niedrigen Ofen warm, während Sie den Rest auf die gleiche Weise braten. Heiß servieren.

Auberginen mit pikanter Tomatensauce

Melanzan in Soße

Ergibt 6 bis 8 Portionen

Dieses Schichtgericht ähnelt Auberginen-Parmigiana, ohne Parmigiano. Da es keinen Käse gibt, ist es leichter und frischer, schön für Sommergerichte.

2 mittelgroße Auberginen (jeweils etwa 1 Pfund)

Salz

Olivenöl

2 zerdrückte Knoblauchzehen

2 Tassen Tomatenpüree

1/2 Teelöffel zerstoßener roter Pfeffer

1 1/2 Tasse gehackte frische Basilikumblätter

1. Schneiden Sie die Ober- und Unterseite der Auberginen ab. Auberginen quer in 1/2 Zoll dicke Scheiben schneiden. Legen Sie die Scheiben in ein Sieb und bestreuen Sie jede Schicht mit Salz. Stellen Sie das Sieb auf einen Teller, um es mindestens 30

Minuten lang abtropfen zu lassen. Spülen Sie das Salz unter kaltem Wasser ab und tupfen Sie die Scheiben mit Küchenpapier trocken.

2. Stellen Sie einen Rost in die Mitte des Ofens. Backofen auf 450 ° F vorheizen. Zwei große Gelatineformen mit Öl auspinseln. Ordnen Sie die Auberginenscheiben in einer einzigen Schicht an. Mit Öl bepinseln. Backen, bis sie leicht golden sind, etwa 10 Minuten. Wenden Sie die Scheiben mit einem Metallspatel und backen Sie sie weitere 10 Minuten, bis die zweite Seite goldbraun ist und die Scheiben weich sind, wenn sie durchstochen werden.

3. In einem mittelgroßen Topf Knoblauch in 1/4 Tasse Olivenöl bei mittlerer Hitze ca. 2 Minuten goldbraun braten. Tomatenpüree, Paprika und Salz nach Geschmack hinzugeben. Bei schwacher Hitze 15 Minuten kochen oder bis es eingedickt ist. Entsorgen Sie den Knoblauch.

4. In einer flachen Schüssel die Hälfte der Auberginen in einer einzigen Schicht anrichten. Mit der Hälfte der Sauce und dem Basilikum bestreichen. Mit den restlichen Zutaten wiederholen. Bei Zimmertemperatur servieren.

Auberginen Parmigiana

Melanzane alla Parmigiana

Ergibt 6 bis 8 Portionen

Dies ist eines dieser Gerichte, die mir nie langweilig werden. Wenn Sie die Aubergine lieber nicht frittieren möchten, versuchen Sie es mit gegrillten oder gebackenen Scheiben.

2 1/2 Tassen Marinara-Sauce oder andere einfache Tomatensauce

2 mittelgroße Auberginen (jeweils etwa 1 Pfund)

Salz

Olivenöl oder Pflanzenöl zum Braten

8 Unzen frischer Mozzarella, in Scheiben geschnitten

1/2 Tasse frisch geriebener Parmigiano-Reggiano oder Pecorino Romano

1. Gegebenenfalls die Soße zubereiten. Als nächstes schneiden Sie die Ober- und Unterseite der Auberginen ab. Auberginen quer in 1/2 Zoll dicke Scheiben schneiden. Legen Sie die Scheiben in ein Sieb und bestreuen Sie jede Schicht mit Salz. Stellen Sie das Sieb auf einen Teller, um es mindestens 30 Minuten lang abtropfen

zu lassen. Spülen Sie das Salz unter kaltem Wasser ab und tupfen Sie die Scheiben mit Küchenpapier trocken.

2. Legen Sie ein Tablett mit Papiertüchern aus. Etwa 1/2 Zoll Öl in einer großen Pfanne bei mittlerer Hitze erhitzen, bis ein kleines Stück Aubergine brutzelt, wenn es in die Pfanne gegeben wird. Fügen Sie genug Auberginenscheiben hinzu, um in eine einzelne Schicht zu passen, ohne sich zu verdrängen. Auf einer Seite etwa 3 Minuten goldbraun braten, dann wenden und auf der anderen Seite weitere 2 bis 3 Minuten bräunen. Die Scheiben auf Küchenpapier abtropfen lassen. Die restlichen Auberginenscheiben auf die gleiche Weise zubereiten.

3. Stellen Sie einen Rost in die Mitte des Ofens. Backofen auf 350 ° F vorheizen. Eine dünne Schicht Tomatensauce in einer 13 × 9 × 2-Zoll-Auflaufform verteilen. Machen Sie eine Schicht Auberginenscheiben und überlappen Sie sie leicht. Mit einer Schicht Mozzarella, einer weiteren Schicht Soße und einer Prise geriebenem Käse belegen. Wiederholen Sie die Schichten und enden Sie mit Auberginen, Sauce und geriebenem Käse.

4. 45 Minuten backen oder bis die Sauce sprudelt. 10 Minuten vor dem Servieren stehen lassen.

gerösteter Fenchel

Finocchio al Forno

Ergibt 4 Portionen

Als ich klein war, haben wir nie gekochten Fenchel gegessen. Es wurde immer roh serviert, um Salaten einen erfrischenden Crunch zu verleihen, oder nach dem Essen in Wedges serviert, insbesondere bei großen Weihnachtsfeiern. Aber das Backen zähmt einen Teil des Geschmacks und verändert die Textur, sodass es weich und zart wird.

2 mittelgroße Fenchelknollen (ca. 1 Pfund)

1/4 Tasse Olivenöl

Salz

1. Stellen Sie einen Rost in die Mitte des Ofens. Ofen auf 425 ° F vorheizen. Die grünen Stängel des Fenchels bis zur abgerundeten Knolle abschneiden. Entfernen Sie Blutergüsse mit einem kleinen Messer oder Gemüseschäler. Schneiden Sie eine dünne Schicht vom Wurzelende ab. Fenchel längs halbieren. Jede Hälfte der Länge nach in 1/2 Zoll dicke Scheiben schneiden.

2. Gießen Sie das Öl in eine 13 × 9 × 2 Zoll große Auflaufform. Fügen Sie die Fenchelscheiben hinzu und wenden Sie sie, um sie mit Öl zu bestreichen. Ordnen Sie die Scheiben in einer einzigen Schicht an. Mit Salz bestreuen.

3. Decken Sie die Pfanne mit Alufolie ab. 20 Minuten backen. Aufdecken und weitere 15 bis 20 Minuten backen oder bis der Fenchel weich ist, wenn er mit einem Messer durchstochen wird. Heiß oder bei Zimmertemperatur servieren.

Fenchel mit Parmesankäse

Finocchio alla Parmesan

Ergibt 6 Portionen

Dieser Fenchel wird zuerst in Wasser gekocht, um ihn zarter zu machen. Es wird dann mit geriebenem Parmigiano belegt und gebacken. Dazu Roastbeef oder Schweinefleisch servieren.

2 kleine Fenchelknollen (ca. 1 Pfund)

Salz

2 Esslöffel ungesalzene Butter

frisch gemahlener schwarzer Pfeffer

¼ Tasse geriebener Parmigiano-Reggiano

1. Stellen Sie einen Rost in die Mitte des Ofens. Backofen auf 450 ° F vorheizen. Eine 13 × 9 × 2-Zoll-Auflaufform großzügig buttern.

2. Die grünen Stängel des Fenchels bis auf die abgerundete Knolle abschneiden. Entfernen Sie Blutergüsse mit einem kleinen Messer oder Gemüseschäler. Schneiden Sie eine dünne Schicht

vom Wurzelende ab. Schneiden Sie die Zwiebeln der Länge nach durch den Kern in 1/4 Zoll dicke Scheiben.

3. In einem großen Topf 2 Liter Wasser zum Kochen bringen. Fügen Sie den Fenchel und 1 Teelöffel Salz hinzu. Hitze reduzieren und unbedeckt köcheln lassen, bis der Fenchel knusprig-zart ist, 8 bis 10 Minuten. Gut abtropfen lassen und trocknen.

4. Die Fenchelscheiben in einer einzigen Schicht in der Auflaufform anrichten. Mit Butter bestreichen und mit Salz und Pfeffer abschmecken. Mit dem Käse belegen. 10 Minuten backen oder bis der Käse leicht golden ist. Heiß oder bei Zimmertemperatur servieren.

Fenchel mit Sardellensauce

Finocchio mit Acciughe-Sauce

Ergibt 4 Portionen

Anstatt den Fenchel durch Kochen weicher zu machen, bedecken und backen Sie ihn in diesem Rezept und lassen ihn in seinem eigenen Saft dämpfen. Der Geschmack bleibt erhalten und der Fenchel ist leicht knackig, aber dennoch zart. Wenn Sie weicheren Fenchel bevorzugen, kochen Sie ihn wie im Rezept für Fenchel mit Parmesankäse.

Weil auf diese Weise gekochter Fenchel so aromatisch ist, serviere ich ihn gerne mit gegrilltem Hähnchen oder einfachen Schweinekoteletts. Dies ergibt auch bei Zimmertemperatur ein gutes Antipasti-Gericht.

2 mittelgroße Fenchelknollen (etwa ein Pfund)

4 Sardellenfilets, abgetropft und gehackt

2 Esslöffel gehackte frische Petersilie

2 Esslöffel Kapern, gespült und abgetropft

frisch gemahlener schwarzer Pfeffer

Salz (optional)

¹1/4 Tasse Olivenöl

1. Stellen Sie einen Rost in die Mitte des Ofens. Ofen vorheizen auf 375 ° F. Fetten Sie eine 13 × 9 × 2-Zoll-Auflaufform ein.

2. Die grünen Stängel des Fenchels bis auf die abgerundete Knolle abschneiden. Entfernen Sie Blutergüsse mit einem kleinen Messer oder Gemüseschäler. Schneiden Sie eine dünne Schicht vom Wurzelende ab. Schneiden Sie die Zwiebeln der Länge nach durch den Kern in 1/4 Zoll dicke Scheiben.

3. Ordnen Sie den Fenchel in einer einzelnen Schicht in der Pfanne an und überlappen Sie die Scheiben leicht. Sardellen, Petersilie, Kapern und Pfeffer darüber streuen. Fügen Sie Salz hinzu, wenn Sie möchten. Mit Öl beträufeln.

4. Decken Sie die Pfanne mit Alufolie ab. 40 Minuten backen oder bis der Fenchel weich ist. Entfernen Sie vorsichtig die Folie und backen Sie weitere 5 Minuten oder bis der Fenchel beim Einstechen zart, aber nicht weich ist. Vor dem Servieren leicht abkühlen lassen.

Grüne Bohnen mit Petersilie und Knoblauch

Fagiolini al Aglio

Ergibt 4 Portionen

Frische Petersilie ist in der italienischen Küche unverzichtbar. Ich habe immer einen Haufen in meinem Kühlschrank. Wenn ich es aus dem Laden nach Hause bringe, schneide ich die Enden ab und lasse die Stiele in ein Glas Wasser fallen. Mit einer Plastiktüte abgedeckt bleibt Petersilie im Kühlschrank mindestens eine Woche frisch, besonders wenn ich darauf achte, das Wasser im Glas zu wechseln. Waschen Sie die Petersilie, bevor Sie sie verwenden, um jeglichen Abrieb zu entfernen, und kneifen Sie die Blätter von den Stängeln. Hacken Sie die Petersilie auf einem Brett mit einem großen Kochmesser oder, wenn Sie möchten, hacken Sie sie einfach in kleine Stücke. Gehackte frische Petersilie verleiht vielen Speisen Farbe und Frische.

Als Variation können Sie diese Bohnen vor dem Servieren mit etwas Zitronenschale ein letztes Mal in der Pfanne schwenken.

1 Pfund grüne Bohnen

Salz

3 Esslöffel Olivenöl

1 Knoblauchzehe fein gehackt

2 Esslöffel gehackte frische Petersilie

frisch gemahlener schwarzer Pfeffer

1. Die Stielenden der grünen Bohnen entfernen. Etwa 2 Liter Wasser in einem großen Topf zum Kochen bringen. Bohnen und Salz nach Geschmack hinzugeben. Unbedeckt kochen, bis die Bohnen knusprig-zart sind, 4 bis 5 Minuten.

2. Die Bohnen abtropfen lassen und trocknen. (Wenn Sie sie nicht sofort verwenden, lassen Sie sie unter fließendem kaltem Wasser abkühlen. Wickeln Sie die Bohnen in ein Küchentuch und lassen Sie sie bis zu 3 Stunden bei Raumtemperatur stehen.)

3. Kurz vor dem Servieren das Öl mit dem Knoblauch und der Petersilie in einer großen Pfanne bei mittlerer Hitze erhitzen. Die Bohnen und eine Prise Pfeffer hinzugeben. 2 Minuten lang vorsichtig mischen, bis es heiß ist. Heiß servieren.

Grüne Bohnen mit Haselnüssen

Fagiolini al Nocciole

Ergibt 4 Portionen

Walnüsse und Mandeln passen auch gut zu diesen Bohnen, wenn Sie dies bevorzugen.

1 Pfund grüne Bohnen

Salz

3 Esslöffel ungesalzene Butter

1/3 Tasse gehackte Haselnüsse

1. Die Stielenden der grünen Bohnen entfernen. Etwa 2 Liter Wasser in einem großen Topf zum Kochen bringen. Bohnen und Salz nach Geschmack hinzugeben. Unbedeckt kochen, bis die Bohnen knusprig-zart sind, 4 bis 5 Minuten.

2. Die Bohnen gut abtropfen lassen und trocknen. (Wenn Sie sie nicht sofort verwenden, lassen Sie sie unter fließendem kaltem Wasser abkühlen. Wickeln Sie die Bohnen in ein Küchentuch und lassen Sie sie bis zu 3 Stunden bei Raumtemperatur stehen.)

3. Kurz vor dem Servieren Butter in einer großen Pfanne erhitzen. Die Haselnüsse hinzugeben und unter häufigem Rühren etwa 3 Minuten kochen, bis die Nüsse leicht geröstet und die Butter leicht gebräunt sind.

4. Die Bohnen und eine Prise Salz hinzugeben. Unter häufigem Rühren 2 bis 3 Minuten kochen, bis es durchgeheizt ist. Sofort servieren.

Grüne Bohnen mit grüner Soße

Fagiolini mit Pesto

Ergibt 4 Portionen

Fügen Sie diesen grünen Bohnen ein paar gekochte neue Kartoffeln hinzu, wenn Sie möchten. Servieren Sie sie mit gegrilltem Lachs oder Thunfischfilets.

1/4 Tasse Grüne Soße

1 Pfund grüne Bohnen

Salz

1. Gegebenenfalls grüne Soße zubereiten. Als nächstes die Stielenden der grünen Bohnen abschneiden. Etwa 2 Liter Wasser in einem großen Topf zum Kochen bringen. Bohnen und Salz nach Geschmack hinzugeben. Unbedeckt kochen, bis die Bohnen weich sind, 5 bis 6 Minuten.

2. Die Bohnen gut abtropfen lassen und trocknen. Mit der Soße mischen. Warm oder bei Zimmertemperatur servieren.

Salat mit grünen Bohnen

Fagiolini in Salata

Ergibt 6 Portionen

Sardellen und frische Kräuter verleihen diesem grünen Bohnensalat Geschmack. Wenn gewünscht, fügen Sie ein paar Streifen geröstete rote Paprika hinzu.

1 1/2 Pfund grüne Bohnen

4 Sardellenfilets

2 Knoblauchzehen fein gehackt

2 Esslöffel gehackte frische Petersilie

1 Esslöffel gehackte frische Minze

1 1/4 Tasse Olivenöl

2 Esslöffel Rotweinessig

Salz und frisch gemahlener schwarzer Pfeffer

1. Die Stielenden der grünen Bohnen entfernen. Etwa 2 Liter Wasser in einem großen Topf zum Kochen bringen. Bohnen und

Salz nach Geschmack hinzugeben. Unbedeckt kochen, bis die Bohnen weich sind, 5 bis 6 Minuten.

2. Bohnen kalt abspülen und gut abtropfen lassen. Ich weiß, dass.

3. In einer mittelgroßen Schüssel Sardellen, Knoblauch, Petersilie, Minze und Salz und Pfeffer nach Geschmack mischen. Öl und Essig schlagen.

4. Grüne Bohnen mit dem Dressing mischen und servieren.

Grüne Bohnen in Tomaten-Basilikum-Sauce

Fagiolini in Salsa di Pomodoro

Ergibt 6 Portionen

Diese passen gut zu Würstchen oder gegrillten Rippchen.

1 1/2 Pfund grüne Bohnen

Salz

2 Esslöffel ungesalzene Butter

1 kleine Zwiebel fein gehackt

2 Tassen geschälte, entkernte und gehackte frische Tomaten

frisch gemahlener schwarzer Pfeffer

6 frische Basilikumblätter, in Stücke geschnitten

1. Die Stielenden der grünen Bohnen entfernen. Etwa 2 Liter Wasser in einem großen Topf zum Kochen bringen. Bohnen und Salz nach Geschmack hinzugeben. Unbedeckt kochen, bis die Bohnen knusprig-zart sind, 4 bis 5 Minuten. Bohnen kalt abspülen und gut abtropfen lassen. Ich weiß, dass.

2. In einem mittelgroßen Topf die Butter bei mittlerer Hitze schmelzen. Zwiebel hinzufügen und unter häufigem Rühren etwa 10 Minuten goldbraun braten. Fügen Sie die Tomaten und Salz und Pfeffer hinzu, um zu schmecken. Zum Köcheln bringen und 10 Minuten kochen.

3. Fügen Sie die grünen Bohnen und das Basilikum hinzu. Kochen, bis es durchgeheizt ist, etwa 5 weitere Minuten.

Grüne Bohnen mit Speck und Zwiebel

Fagiolini alla Pancetta

Ergibt 6 Portionen

Grüne Bohnen sind schmackhafter und haben eine bessere Textur, wenn sie weich gekocht werden. Die genaue Garzeit hängt von der Größe, Frische und Reife der Bohnen ab. Normalerweise versuche ich ein oder zwei, um sicherzugehen. Ich mag sie, wenn sie nicht mehr brechen, aber nicht matschig oder matschig sind. Dieses Rezept stammt aus Friaul-Julisch Venetien.

1 Pfund grüne Bohnen

Salz

½ Tasse gehackter Speck (etwa 2 Unzen)

1 kleine Zwiebel gehackt

2 Knoblauchzehen fein gehackt

2 Esslöffel gehackte frische Petersilie

2 frische Salbeiblätter

2 Esslöffel Olivenöl

1. Die Stielenden der grünen Bohnen entfernen. Etwa 2 Liter Wasser in einem großen Topf zum Kochen bringen. Bohnen und Salz nach Geschmack hinzugeben. Unbedeckt kochen, bis die Bohnen knusprig-zart sind, 4 bis 5 Minuten. Bohnen kalt abspülen und gut abtropfen lassen. Ich weiß, dass. Die Bohnen in kleine Stücke schneiden.

2. Braten Sie in einer großen Pfanne Pancetta, Zwiebel, Knoblauch, Petersilie und Salbei im Öl bei mittlerer Hitze an, bis die Zwiebel goldbraun ist, etwa 10 Minuten lang. Fügen Sie die grünen Bohnen und eine Prise Salz hinzu. Kochen, bis es durchgeheizt ist, etwa 5 weitere Minuten. Heiß servieren.

Grüne Bohnen mit Tomatensauce und Speck

Fagiolini mit Salsa di Pomodori und Pancetta

Ergibt 4 Portionen

Diese Bohnen machen eine tolle Mahlzeit mit einer Frittata oder Tortilla.

1 Pfund grüne Bohnen

Salz

¼ Tasse gehackter Speck (ca. 1 Unze)

1 Knoblauchzehe fein gehackt

2 Esslöffel Olivenöl

2 große reife Tomaten, geschält, entkernt und gehackt

2 Zweige frischer Rosmarin

frisch gemahlener schwarzer Pfeffer

1. Bereiten Sie die Bohnen wie in Schritt 1 beschrieben vorGrüne Bohnen mit Speck und ZwiebelRezept, aber nicht in Stücke schneiden.

2. In einem mittelgroßen Topf den Pancetta und den Knoblauch im Öl bei mittlerer Hitze ca. 5 Minuten goldbraun braten. Mit Tomaten, Rosmarin, Salz und Pfeffer abschmecken. Zum Köcheln bringen und 10 Minuten kochen.

3. Die Bohnen in die Sauce geben und kochen, bis sie durchgewärmt sind, etwa 5 Minuten. Rosmarin entfernen. Heiß servieren.

Grüne Bohnen mit Parmigiano

Fagiolini alla Parmigiana

Ergibt 4 Portionen

Zitronenschale, Muskatnuss und Käse würzen diese grünen Bohnen. Verwenden Sie für beste Ergebnisse frische Zutaten.

1 Pfund grüne Bohnen, gehackt

2 Butterlöffel

1 kleine Zwiebel gehackt

½ Teelöffel geriebene frische Zitronenschale

Eine Prise frisch gemahlene Muskatnuss

Salz und frisch gemahlener schwarzer Pfeffer

¼ Tasse frisch geriebener Parmigiano-Reggiano

1. Die Stielenden der grünen Bohnen entfernen. Etwa 2 Liter Wasser in einem großen Topf zum Kochen bringen. Bohnen und Salz nach Geschmack hinzugeben. Unbedeckt kochen, bis die Bohnen knusprig-zart sind, 4 bis 5 Minuten. Bohnen kalt abspülen und gut abtropfen lassen. Ich weiß, dass.

2. In einer mittelgroßen Pfanne die Butter bei mittlerer Hitze schmelzen. Fügen Sie die Zwiebel hinzu und kochen Sie sie, bis sie goldbraun ist, etwa 10 Minuten. Fügen Sie die Bohnen, die Zitronenschale, die Muskatnuss und Salz und Pfeffer nach Geschmack hinzu. Mit Käse bestreuen und vom Herd nehmen. Den Käse leicht schmelzen lassen und heiß servieren.

Wachsbohnen mit Oliven

Fagiolini Giallo mit Olive

Ergibt 4 Portionen

Glänzende schwarze Oliven und grüne Petersilie bieten einen lebendigen Farbkontrast zu den blassgelben Wachsbohnen; Auch grüne Bohnen schmecken so zubereitet gut. Um diese Bohnen bei Raumtemperatur zu servieren, ersetzen Sie die Butter durch Olivenöl, das beim Abkühlen hart wird.

1 Pfund gelbes Wachs oder grüne Bohnen

Salz

3 Esslöffel ungesalzene Butter

1 kleine Zwiebel gehackt

1 Knoblauchzehe fein gehackt

1 1/2 Tasse milde schwarze Oliven, wie Gaeta, entsteint und gehackt

2 Esslöffel gehackte frische Petersilie

1. Die Stielenden der grünen Bohnen entfernen. Etwa 2 Liter Wasser in einem großen Topf zum Kochen bringen. Bohnen und

Salz nach Geschmack hinzugeben. Unbedeckt kochen, bis die Bohnen knusprig-zart sind, 4 bis 5 Minuten. Bohnen kalt abspülen und gut abtropfen lassen. Ich weiß, dass. Schneiden Sie die Bohnen in 1-Zoll-Stücke.

2. In einer Pfanne, die groß genug ist, um alle Bohnen aufzunehmen, die Butter bei mittlerer Hitze schmelzen. Fügen Sie die Zwiebel und den Knoblauch hinzu und kochen Sie sie etwa 10 Minuten lang, bis sie weich und goldbraun sind.

3. Bohnen, Oliven und Petersilie einrühren, bis sie durchgewärmt sind, etwa 2 Minuten lang. Heiß servieren.

Spinat mit Zitrone

Spinaci al Limone

Ergibt 4 Portionen

Ein Spritzer gutes Olivenöl und ein paar Tropfen frischer Zitronensaft verbessern den Geschmack von gekochtem Spinat oder anderem Blattgemüse.

2 Pfund frischer Spinat, ohne harte Stiele

1/4 Tasse Wasser

Salz

Natives Olivenöl extra

Zitronenscheiben

1. Waschen Sie den Spinat gut mit mehrmals kaltem Wasser. Spinat, Wasser und eine Prise Salz in einen großen Topf geben. Decken Sie den Topf ab und drehen Sie die Hitze auf mittlere Stufe. Kochen Sie 5 Minuten oder bis der Spinat weich und zart ist. Den Spinat abtropfen lassen und das überschüssige Wasser auspressen.

2. In einer Servierschüssel Spinat mit Olivenöl nach Geschmack schwenken.

3. Heiß oder bei Zimmertemperatur servieren und mit Zitronenschnitzen garnieren.

Spinat oder anderes Gemüse mit Butter und Knoblauch

Esel-Gemüse

Ergibt 6 Portionen

Die Geschmeidigkeit von Butter und Knoblauch passt besonders gut zur leichten Bitterkeit von Gemüse wie Spinat oder Mangold.

2 Pfund Spinat, ohne harte Stiele

1 1/4 Tasse Wasser

Salz

2 Esslöffel ungesalzene Butter

1 Knoblauchzehe fein gehackt

frisch gemahlener schwarzer Pfeffer

1. Waschen Sie den Spinat gut mit mehrmals kaltem Wasser. Spinat, Wasser und eine Prise Salz in einen großen Topf geben. Decken Sie den Topf ab und drehen Sie die Hitze auf mittlere Stufe. Kochen Sie 5 Minuten oder bis der Spinat weich und zart

ist. Den Spinat abtropfen lassen und das überschüssige Wasser auspressen.

2. In einer mittelgroßen Pfanne die Butter bei mittlerer Hitze schmelzen. Fügen Sie den Knoblauch hinzu und kochen Sie ihn etwa 2 Minuten lang, bis er goldbraun ist.

3. Spinat, Salz und Pfeffer nach Geschmack hinzufügen. Unter gelegentlichem Rühren kochen, bis es durchgeheizt ist, etwa 2 Minuten. Heiß servieren.

Spinat mit Rosinen und Pinienkernen

Spinaci mit Traube und Pinoli

Ergibt 4 Portionen

Rosinen und Pinienkerne werden zum Würzen vieler Gerichte in Süditalien und im gesamten Mittelmeerraum verwendet. Auch Mangold oder Rübengrün lassen sich so zubereiten.

2 Pfund frischer Spinat, ohne harte Stiele

1 1/4 Tasse Wasser

Salz

2 Esslöffel ungesalzene Butter

frisch gemahlener schwarzer Pfeffer

2 Esslöffel Rosinen

2 Esslöffel geröstete Pinienkerne

1. Waschen Sie den Spinat gut mit mehrmals kaltem Wasser. Spinat, Wasser und eine Prise Salz in einen großen Topf geben. Decken Sie den Topf ab und drehen Sie die Hitze auf mittlere Stufe. Kochen Sie 5 Minuten oder bis der Spinat weich und zart

ist. Den Spinat abtropfen lassen und das überschüssige Wasser auspressen.

2. Reinigen Sie den Topf. Die Butter im Topf schmelzen, dann den Spinat und die Rosinen hinzugeben. Rühren Sie ein- oder zweimal um und kochen Sie 5 Minuten, bis die Rosinen prall sind. Mit den Pinienkernen bestreuen und sofort servieren.

Spinat mit Sardellen nach Piemonter Art

Spinaci alla Piemontesa

Ergibt 6 Portionen

Im Piemont wird dieser schmackhafte Spinat oft auf in Butter gebratenen Brotscheiben serviert, schmeckt aber auch pur. Eine weitere Variante ist, den Spinat mit Spiegeleiern oder pochierten Eiern zu toppen.

2 Pfund frischer Spinat, ohne harte Stiele

1 1/4 Tasse Wasser

Salz

1 1/4 Tasse ungesalzene Butter

4 Sardellenfilets

1 Knoblauchzehe fein gehackt

1. Waschen Sie den Spinat gut mit mehrmals kaltem Wasser. Spinat, Wasser und eine Prise Salz in einen großen Topf geben. Decken Sie den Topf ab und drehen Sie die Hitze auf mittlere Stufe. Kochen Sie 5 Minuten oder bis der Spinat weich und zart

ist. Den Spinat abtropfen lassen und das überschüssige Wasser auspressen.

2. Reinigen Sie den Topf. Butter im Topf schmelzen. Sardellen und Knoblauch hinzugeben und unter Rühren etwa 2 Minuten kochen, bis sich die Sardellen aufgelöst haben. Spinat hinzufügen und unter ständigem Rühren 2 bis 3 Minuten kochen, bis er durchgewärmt ist. Heiß servieren.

Escarole mit Knoblauch

Scarola al'Aglio

Ergibt 4 Portionen

Endivie ist ein Mitglied der großen und vielfältigen Chicorée-Familie, zu der Endivie, Frisée, Löwenzahn und Radicchio gehören. Escarole ist in neapolitanischen Küchen sehr beliebt. Die kleinen Endivienköpfe werden gefüllt und geschmort, die zarten inneren Blätter werden roh in Salaten gegessen und die Endivie wird auch in Suppe gekocht. Variieren Sie dieses Gericht, indem Sie die rote Paprika weglassen und 1/4 Tasse Rosinen hinzufügen.

1 Endivienkopf (ca. 1 Pfund)

3 Esslöffel Olivenöl

3 Knoblauchzehen, in dünne Scheiben geschnitten

Prise zerstoßener roter Pfeffer (optional)

Salz

1. Den Endiviensalat putzen und die angeschlagenen Blätter entfernen. Schneiden Sie die Enden des Stiels ab. Trennen Sie die Blätter und waschen Sie sie gut in kaltem Wasser, besonders in

der Mitte der Blätter, wo sich Schmutz ansammelt. Stapeln Sie die Blätter und schneiden Sie sie in kleine Stücke.

2. In einem großen Topf den Knoblauch und die rote Paprika, falls verwendet, im Olivenöl bei mittlerer Hitze etwa 2 Minuten lang kochen, bis der Knoblauch goldgelb ist. Eskariol und Salz nach Geschmack hinzufügen. Gut umrühren. Den Topf abdecken und etwa 12 bis 15 Minuten kochen, bis die Eskariole weich sind. Heiß servieren.

Löwenzahn mit Kartoffeln

Dente di Leone mit Patate

Ergibt 4 Portionen

Das Löwenzahngrün kann durch Grünkohl oder Mangold ersetzt werden; Sie brauchen ein Gemüse, das fest genug ist, um es gleichzeitig mit den Kartoffeln zu kochen. Ein wenig Weinessig verstärkt den Geschmack dieser Gemüse- und Knoblauchkartoffeln.

1 Bund Löwenzahngrün (ca. 1 Pfund)

6 kleine festkochende Kartoffeln, geschält und in Scheiben geschnitten

Salz

3 Knoblauchzehen, gehackt

3 Esslöffel Olivenöl

1 Esslöffel Weißweinessig

1. Schneiden Sie den Löwenzahn ab und entfernen Sie die gequetschten Blätter. Schneiden Sie die Enden des Stiels ab. Trennen Sie die Blätter und waschen Sie sie gut in kaltem Wasser, besonders in der Mitte der Blätter, wo sich Schmutz ansammelt. Die Blätter quer in kleine Stücke schneiden.

2. Etwa 4 Liter Wasser zum Kochen bringen. Fügen Sie die Kartoffelecken, Löwenzahn und Salz hinzu, um zu schmecken. Das Wasser wieder zum Kochen bringen und kochen, bis das Gemüse weich ist, etwa 10 Minuten. Gut abtropfen lassen.

3. In einer großen Pfanne den Knoblauch im Öl etwa 2 Minuten goldbraun braten. Gemüse, Essig und eine Prise Salz zugeben. Kochen, gut umrühren, bis es durchgeheizt ist, etwa 2 Minuten. Heiß servieren.

Pilze mit Knoblauch und Petersilie

Pilz Trifolati

Ergibt 4 Portionen

Dies ist wahrscheinlich die beliebteste Art, Pilze in Italien zuzubereiten. Versuchen Sie, einige exotische Pilzsorten für mehr Geschmack hinzuzufügen.

1 Packung (10 bis 12 Unzen) weiße Champignons

1 1/4 Tasse Olivenöl

2 Esslöffel gehackte frische Petersilie

2 große Knoblauchzehen, in dünne Scheiben geschnitten

Salz und frisch gemahlener schwarzer Pfeffer

1. Legen Sie die Pilze in ein Sieb und spülen Sie sie schnell unter fließendem kaltem Wasser ab. Pilze abtropfen lassen und trocknen. Die Pilze halbieren oder vierteln, wenn sie groß sind. Schneiden Sie die Enden ab, wenn sie trocken aussehen.

2. In einer großen Pfanne das Öl bei mittlerer Hitze erhitzen. Fügen Sie die Pilze hinzu. Kochen Sie unter häufigem Rühren, bis die

Pilze gebräunt sind, 8 bis 10 Minuten. Petersilie, Knoblauch, Salz und Pfeffer hinzufügen. Kochen Sie, bis der Knoblauch golden ist, etwa 2 weitere Minuten. Heiß servieren.

Pilze nach Genua-Art

Pilze alle Erbe

Ergibt 6 Portionen

Die Hügel rund um Genua sind voll von wilden Pilzen und Kräutern, die von den Köchen dort auf vielfältige Weise verwendet werden. Steinpilze werden normalerweise für dieses Gericht verwendet, obwohl jeder große Zuchtpilz ersetzt werden kann. Da Steinpilze in den USA normalerweise nicht erhältlich sind, ersetze ich sie durch fleischige, würzige Portobello-Pilze. Manchmal serviere ich sie als Herzstück einer fleischlosen Mahlzeit.

6 große Portobello-Pilze

4 Esslöffel Olivenöl

Salz und frisch gemahlener schwarzer Pfeffer

2 Knoblauchzehen fein gehackt

3 Esslöffel fein gehackte frische glatte Petersilie

1 Teelöffel gehackter frischer Rosmarin

1/2 Teelöffel getrockneter Majoran

1. Stellen Sie einen Rost in die Mitte des Ofens. Ofen vorheizen auf 425 ° F. Fetten Sie ein Backblech ein, das groß genug ist, um die Pilzkappen in einer einzigen Schicht zu halten.

2. Reinigen Sie die Pilze mit feuchten Papiertüchern. Entfernen Sie die Stiele von den Pilzen und schneiden Sie die Enden ab, an denen sich Schmutz ansammelt. Schneiden Sie die Stiele in dünne Scheiben. Die Pilzstiele in eine Schüssel geben und mit 2 Esslöffeln Öl vermengen.

3. Legen Sie die Pilzköpfe mit der offenen Seite nach oben in die Pfanne. Mit Salz und Pfeffer bestreuen.

4. In einer kleinen Schüssel Knoblauch, Petersilie, Rosmarin, Majoran sowie Salz und Pfeffer nach Geschmack mischen. Mit den restlichen 2 Esslöffeln Öl mischen. Auf jeden Pilzkopf eine Prise der Kräutermischung geben. Mit den Stielen belegen.

5. 15 Minuten backen. Überprüfen Sie die Pilze, um zu sehen, ob die Pfanne zu trocken ist. Gegebenenfalls etwas warmes Wasser zugeben. Backen Sie weitere 15 Minuten oder bis sie weich sind. Heiß oder bei Zimmertemperatur servieren.

gebratene Pilze

Funghi al-Forno

Ergibt 4 bis 6 Portionen

Im Frühling und Herbst, wenn sie am häufigsten vorkommen, werden Steinpilze in Olivenöl geröstet, bis sie an den Rändern leicht gebräunt, aber innen zart und fleischig sind. Steinpilze sind in den Vereinigten Staaten selten und teuer, aber Sie können die gleiche Behandlung mit guten Ergebnissen auf andere Arten von dicken, fleischigen Pilzen anwenden, wie z. B. Cremini, Portobello oder weiße Pilze. Überfüllen Sie die Pfanne jedoch nicht, da einige Sorten viel Wasser abgeben und die Pilze eher dampfen als braun werden.

1 Pfund Champignons, wie weiße, Cremini oder Portobello

4 große Knoblauchzehen, in dünne Scheiben geschnitten

1/4 Tasse natives Olivenöl extra

Salz und frisch gemahlener schwarzer Pfeffer

1. Stellen Sie einen Rost in die Mitte des Ofens. Backofen auf 400° F vorheizen Pilze mit feuchten Papiertüchern abwischen. Entfernen Sie die Stiele von den Pilzen und schneiden Sie die Enden ab, an denen sich Schmutz ansammelt. Schneiden Sie die

Pilze in Viertel oder Achtel, wenn sie groß sind. Mischen Sie in einer Bratpfanne, die groß genug ist, um die Zutaten in einer einzigen Schicht aufzunehmen, die Pilze, den Knoblauch und das Öl mit Salz und Pfeffer nach Geschmack. Verteile sie gleichmäßig in der Pfanne.

2. 30 Minuten grillen und dabei ein- oder zweimal umrühren, bis die Pilze weich und goldbraun sind. Heiß servieren.

Creme Pilze

Funghi alla Panna

Ergibt 4 Portionen

Diese cremigen Pilze sind himmlisch als Beilage zu einem Steak oder als Vorspeise, serviert auf dünnen Scheiben geröstetem Brot.

1 Packung (10 bis 12 Unzen) weiße Champignons

2 Esslöffel ungesalzene Butter

1/4 Tasse gehackte Schalotte

Salz und frisch gemahlener schwarzer Pfeffer

1/2 Tasse Sahne

1. Reinigen Sie die Pilze mit feuchten Papiertüchern. Entfernen Sie die Stiele von den Pilzen und schneiden Sie die Enden ab, an denen sich Schmutz ansammelt. Pilze in dicke Scheiben schneiden.

2. In einer großen Pfanne die Butter bei mittlerer Hitze schmelzen. Fügen Sie die Schalotte hinzu und kochen Sie sie etwa 3 Minuten lang, bis sie weich ist. Fügen Sie die Pilze und Salz und Pfeffer

hinzu, um zu schmecken. Kochen Sie unter häufigem Rühren, bis die Pilze leicht gebräunt sind, etwa 10 Minuten.

3. Die Sahne zugeben und zum Köcheln bringen. Kochen, bis die Sahne dickflüssig ist, etwa 2 Minuten. Heiß oder warm servieren.

Gebackene cremige gefüllte Pilze

Pilze gratinieren

Ergibt 4 Portionen

Ich serviere sie gerne als Beilage zu einem einfachen gegrillten Steak oder Roastbeef, aber die so zubereiteten kleineren Pilze eignen sich gut als Vorspeise.

12 große weiße oder Cremini-Pilze

4 Esslöffel ungesalzene Butter

1 1/4 Tasse gehackte Schalotte oder Zwiebel

1 Teelöffel gehackter frischer Thymian oder eine Prise getrockneter Thymian

Salz und frisch gemahlener schwarzer Pfeffer

1 1/4 Tasse schwere oder Schlagsahne

2 Esslöffel trockene Semmelbrösel

1. Reinigen Sie die Pilze mit feuchten Papiertüchern. Entfernen Sie die Stiele von den Pilzen und schneiden Sie die Enden ab, an denen sich Schmutz ansammelt. Die Stiele hacken.

2. In einer mittelgroßen Pfanne 2 Esslöffel Butter schmelzen. Pilzstiele, Schalotte und Thymian dazugeben. Mit Salz und Pfeffer abschmecken. Kochen Sie unter häufigem Rühren, bis die Pilzstiele leicht gebräunt sind, etwa 10 Minuten.

3. Sahne hinzufügen und etwa 2 Minuten köcheln lassen, bis sie eingedickt ist. Vom Feuer entfernen.

4. Stellen Sie einen Rost in die Mitte des Ofens. Backofen auf 375 ° F vorheizen. Eine Auflaufform mit Butter bestreichen, die groß genug ist, um die Pilzkappen in einer einzigen Schicht aufzunehmen.

5. Gießen Sie die Sahnemischung in die Deckel. Legen Sie die Oberteile in die vorbereitete Pfanne. Mit den Semmelbröseln bestreuen. Dot mit den restlichen 2 Esslöffeln Butter.

6. Pilze 15 Minuten backen oder bis die Krümel goldbraun und die Kappen weich sind. Heiß servieren.

Pilze mit Tomaten und Kräutern

Pilze al Pomodoro

Ergibt 4 Portionen

Diese Pilze werden mit Knoblauch, Tomaten und Rosmarin gekocht. Legen Sie sie über Schweinekoteletts oder Steak.

1 Pfund weiße Pilze

1/4 Tasse Olivenöl

1 Knoblauchzehe fein gehackt

1 Teelöffel gehackter frischer Rosmarin

1 große Tomate, geschält, entkernt und gehackt

Salz und frisch gemahlener schwarzer Pfeffer

2 Esslöffel gehackte frische Petersilie

1. Reinigen Sie die Pilze mit feuchten Papiertüchern. Entfernen Sie die Stiele von den Pilzen und schneiden Sie die Enden ab, an denen sich Schmutz ansammelt. Pilze halbieren oder vierteln. In einer großen Pfanne das Öl bei mittlerer Hitze erhitzen. Champignons, Knoblauch und Rosmarin hinzugeben. Kochen Sie

unter häufigem Rühren, bis die Pilze gebräunt sind, etwa 10 Minuten.

2.Fügen Sie die Tomate und Salz und Pfeffer hinzu, um zu schmecken. Kochen Sie, bis die Säfte verdunsten, ungefähr 5 weitere Minuten. Petersilie dazugeben und sofort servieren.

Champignons in Marsala

Funghi al-Marsala

Ergibt 4 Portionen

Pilze und Marsala sind füreinander gemacht. Servieren Sie diese mit Huhn oder Rindfleisch.

1 Packung (10 bis 12 Unzen) weiße Champignons

1 1/4 Tasse ungesalzene Butter

1 Esslöffel Olivenöl

1 mittelgroße Zwiebel gehackt

Salz und frisch gemahlener schwarzer Pfeffer

2 EL trockener Marsala

2 Esslöffel gehackte frische Petersilie

1. Reinigen Sie die Pilze mit feuchten Papiertüchern. Entfernen Sie die Stiele von den Pilzen und schneiden Sie die Enden ab, an denen sich Schmutz ansammelt. Die Pilze halbieren oder vierteln, wenn sie groß sind. In einer großen Pfanne die Butter mit dem Öl bei mittlerer Hitze schmelzen. Zwiebel hinzufügen und kochen, bis sie weich ist, 5 Minuten.

2. Fügen Sie die Pilze, Salz und Pfeffer nach Geschmack und den Marsala hinzu. Unter häufigem Rühren kochen, bis der größte Teil der Flüssigkeit verdampft ist und die Pilze leicht gebräunt sind, etwa 10 Minuten. Die Petersilie zugeben und vom Herd nehmen. Heiß servieren.

gegrillte Pilze

Funghi alla Griglia

Ergibt 4 Portionen

Große Pilze wie Portobello, Shiitake und vor allem Steinpilze lassen sich wunderbar auf dem Grill zubereiten. Seine Textur und sein Geschmack sind fleischig und saftig, verstärkt durch die rauchigen Aromen des Grills. Shiitake-Stängel sind zu holzig zum Essen. Entsorgen Sie sie und kochen Sie nur die Spitzen.

4 große frische Pilze, wie Shiitake, Portobello oder Steinpilze

3 bis 4 Esslöffel Olivenöl

2 bis 3 große Knoblauchzehen

2 Esslöffel gehackte frische Petersilie

Salz und frisch gemahlener schwarzer Pfeffer

1. Stellen Sie einen Grill oder Grill etwa 5 Zoll von der Wärmequelle entfernt auf. Grill oder Grill vorheizen.

2. Reinigen Sie die Pilze mit feuchten Papiertüchern. Entfernen Sie die Stiele von den Pilzen und schneiden Sie die Enden ab, an

denen sich Schmutz ansammelt. Die Stiele der Portobello- oder Steinpilze in dicke Scheiben schneiden. Entsorgen Sie die Stiele der Shiitake-Pilze. Champignons mit Öl bepinseln. Legen Sie die Oberteile und Stiele mit den abgerundeten Spitzen der Oberteile in Richtung der Wärmequelle auf den Grill. Etwa 5 Minuten grillen, bis sie leicht golden sind.

3. In einer kleinen Schüssel 2 Esslöffel Öl, Knoblauch, Petersilie und Salz und Pfeffer nach Geschmack vermischen. Die Pilzstücke wenden und mit der Ölmischung bestreichen.

4. Kochen, bis die Pilze weich sind, weitere 2 bis 3 Minuten. Heiß servieren.

frittierte Pilze

Funghi Fritti

Ergibt 6 Portionen

Eine knusprige Semmelkruste umhüllt diese Pilze. Sie eignen sich gut als Vorspeise.

1 Tasse trockene Semmelbrösel

¼ Tasse frisch geriebener Parmigiano-Reggiano

2 große Eier, geschlagen

Salz und frisch gemahlener schwarzer Pfeffer

1 Pfund frische weiße Pilze

Pflanzenöl zum Braten

Zitronenscheiben

1. Auf einem Stück Wachspapier die Semmelbrösel mit dem Käse mischen und die Mischung auf einem Blatt Wachspapier verteilen.

2. In einer kleinen Schüssel die Eier mit Salz und Pfeffer nach Geschmack schlagen.

3. Spülen Sie die Pilze schnell unter kaltem Wasser ab. Tupfe sie trocken. Schneiden Sie sie in zwei Hälften oder Viertel, wenn sie groß sind. Tauchen Sie die Pilze in die Eimischung und wälzen Sie sie in den Semmelbröseln, sodass sie vollständig bedeckt sind. Lassen Sie die Beschichtung etwa 10 Minuten trocknen.

4. Legen Sie ein Tablett mit Papiertüchern aus. In einem breiten, tiefen Topf das Öl erhitzen, bis ein kleiner Tropfen des Eies brutzelt und schnell kocht. Fügen Sie die Pilze in die Pfanne hinzu, da sie in einer einzigen Schicht passen, ohne sich zu drängen. Braten Sie die Pilze etwa 4 Minuten lang an, bis sie knusprig und goldbraun sind. Zum Abtropfen auf Küchenpapier geben. Die restlichen Pilze auf die gleiche Weise braten.

5. Die Champignons warm mit Zitronenspalten servieren.

Pilzgratin

Tiella von Funghi

Ergibt 4 Portionen

Große weiße Pilze können in diesem geschichteten Auflauf aus Apulien verwendet werden oder eine andere fleischige Sorte wie Shiitake, Portobello oder Cremini ersetzen. Dies ist entweder kochend heiß oder hat Raumtemperatur.

1 Pfund Portabello, Cremini oder große weiße Pilze, in dicke Scheiben geschnitten

½ Tasse trockene Semmelbrösel

1 1/2 Tasse frisch geriebener Pecorino Romano

2 Esslöffel gehackte frische Petersilie

4 Esslöffel Olivenöl

Salz und frisch gemahlener schwarzer Pfeffer

2 mittelgroße Zwiebeln, in dünne Scheiben geschnitten

2 mittelgroße Tomaten, geschält, entkernt und gehackt

1. Reinigen Sie die Pilze mit feuchten Papiertüchern. Entfernen Sie die Stiele von den Pilzen und schneiden Sie die Enden ab, an denen sich Schmutz ansammelt. Champignons in mindestens 1/4 Zoll dicke Scheiben schneiden. Stellen Sie einen Rost in die Mitte des Ofens. Ofen vorheizen auf 350 ° F. Fetten Sie eine 13 × 9 × 2-Zoll-Backform ein.

2. In einer mittelgroßen Schüssel Semmelbrösel, Käse und Petersilie vermischen. Fügen Sie 2 Esslöffel Öl und Salz und Pfeffer hinzu, um zu schmecken.

3. Auf dem Backblech die Hälfte der Champignons schichten und die Scheiben leicht überlappen. Die Hälfte der Zwiebeln und Tomaten über die Pilze schichten. Mit Salz und Pfeffer bestreuen. Mit der Hälfte der Bröselmischung bestreichen. Mit den restlichen Zutaten wiederholen. Mit den restlichen 2 EL Öl beträufeln.

4. 45 Minuten backen oder bis die Pilze weich sind, wenn sie mit einem Messer durchstochen werden. Heiß servieren.

Austernpilze mit Wurst

Funghi al Salsiccie

Ergibt 4 Portionen

Mein Freund Phil Cicconi hat gute Erinnerungen an seinen Vater Guido, der aus Ascoli Piceno in den Marken stammte. Er ließ sich in West Philadelphia nieder, wo es eine Enklave von Einheimischen gab, und brachte Phil bei, auf den Feldern in der Nähe seines Hauses nach wilden Pilzen und Brokkoli zu suchen. Jetzt führt Phil diese Tradition mit seinen drei Töchtern fort. Besonders beliebt sind Austernpilze, die auf bestimmten Ahornbäumen wachsen. Phils Mutter, Anna Maria, die aus den Abruzzen stammte, bereitete die Pilze auf diese Weise zu. Sie aßen es als Beilage zu knusprigem italienischem Brot.

Gezüchtete Austernpilze können in diesem Rezept verwendet oder durch geschnittene weiße Pilze ersetzt werden.

1 Pfund Austernpilze

2 Esslöffel Olivenöl

2 Knoblauchzehen fein gehackt

2 Schalotten, fein gehackt

8 Unzen süße italienische Schweinswurst, Hülle entfernt

Salz

Prise zerdrückter roter Pfeffer

1 Tasse geschälte, entkernte und gehackte frische Tomaten

1. Reinigen Sie die Pilze mit feuchten Papiertüchern. Die Pilze entlang der Kiemen in dünne Streifen schneiden.

2. Gießen Sie das Öl in eine große Pfanne. Fügen Sie den Knoblauch und die Schalotten hinzu und kochen Sie, bis sie weich sind, etwa 2 Minuten. Wurst hinzufügen und unter häufigem Rühren kochen, bis sie gebräunt ist.

3. Fügen Sie Pilze, Salz nach Geschmack und zerdrückten roten Pfeffer hinzu und rühren Sie gut um. Fügen Sie die Tomaten und 1/4 Tasse Wasser hinzu. Zum Kochen bringen.

4. Reduzieren Sie die Hitze und decken Sie die Pfanne ab. Unter gelegentlichem Rühren 30 Minuten köcheln lassen oder bis die Wurst weich und die Soße eindickt. Heiß servieren.

Eingelegte Paprikaschoten

Peperoni Sott'Aceto

Ergibt 2 Pints

Bunt eingelegte Paprikaschoten schmecken köstlich auf Sandwiches oder zu Aufschnitt. Diese können zur Herstellung verwendet werdenPfeffersauce nach Molise-Art.

2 große rote Paprika

2 große gelbe Paprika

Salz

2 Tassen Weißweinessig

2 Tassen Wasser

Prise zerdrückter roter Pfeffer

1.Legen Sie die Paprika auf ein Schneidebrett. Halten Sie den Stiel in einer Hand und legen Sie die Kante eines großen, schweren Kochmessers direkt über die Kante des Deckels. Verringern. Drehen Sie die Paprika um 90° und schneiden Sie sie erneut in Scheiben. Wiederholen, drehen und schneiden Sie die verbleibenden zwei Seiten. Wirf das Herz, die Samen und den

Stängel weg, die in einem Stück sind. Schneiden Sie die Membranen und kratzen Sie die Samen heraus. Paprika längs in 1 cm breite Streifen schneiden. Paprika in einem Sieb auf einen Teller geben und mit Salz bestreuen. 1 Stunde zum Abtropfen stehen lassen.

2.Kombinieren Sie in einem nicht reaktiven Topf Essig, Wasser und zerkleinerten roten Pfeffer. Zum Kochen bringen. Vom Herd nehmen und etwas abkühlen lassen.

3.Paprika unter kaltem Wasser abspülen und trocken tupfen. Packen Sie die Paprika in 2 sterilisierte Pint-Gläser. Die abgekühlte Essigmischung einfüllen und verschließen. Vor Gebrauch 1 Woche an einem kühlen, dunklen Ort stehen lassen.

Paprika mit Mandeln

Peperoni alle Mandorle

Ergibt 4 Portionen

Eine alte Freundin meiner Mutter, deren Familie aus Ischia, einer kleinen Insel im Golf von Neapel, stammte, gab ihr dieses Rezept. Sie servierte es gerne zum Mittagessen auf italienischen Brotscheiben, die in Olivenöl goldbraun gebraten wurden.

2 rote und 2 gelbe Paprika

1 Knoblauchzehe, leicht zerdrückt

3 Esslöffel Olivenöl

2 mittelgroße Tomaten, geschält, entkernt und gehackt

1/4 Tasse Wasser

2 Esslöffel Kapern

4 gehackte Sardellenfilets

4 Unzen geröstete Mandeln, grob gehackt

1. Legen Sie die Paprika auf ein Schneidebrett. Halten Sie den Stiel in einer Hand und legen Sie die Kante eines großen, schweren Kochmessers direkt über die Kante des Deckels. Verringern. Drehen Sie die Paprika um 90° und schneiden Sie sie erneut in Scheiben. Wiederholen, drehen und schneiden Sie die verbleibenden zwei Seiten. Wirf das Herz, die Samen und den Stängel weg, die in einem Stück sind. Schneiden Sie die Membranen und kratzen Sie die Samen heraus.

2. In einer großen Pfanne den Knoblauch mit dem Öl bei mittlerer Hitze anbraten und den Knoblauch ein- oder zweimal mit der Rückseite eines Löffels drücken. Sobald es leicht gebräunt ist, ca. 4 Minuten, den Knoblauch wegwerfen.

3. Die Paprika in die Pfanne geben. Unter häufigem Rühren kochen, bis sie weich sind, etwa 15 Minuten.

4. Tomaten und Wasser zugeben. Kochen, bis die Sauce dicker wird, etwa 15 weitere Minuten.

5. Kapern, Sardellen und Mandeln zugeben. Probieren Sie das Salz. Noch 2 Minuten kochen. Vor dem Servieren leicht abkühlen lassen.

www.ingramcontent.com/pod-product-compliance
Lightning Source LLC
Chambersburg PA
CBHW071235080526
44587CB00013BA/1619